하나님나라 복음에 기초한 일대일 제자훈련
풍성한 삶의 기초 워크북

풍성한 삶의 기초 워크북

김형국 지음

2017년 3월 9일 초판 1쇄 발행
2025년 7월 17일 초판 18쇄 발행

펴낸이 김도완	**펴낸곳** 비아토르
등록번호 제2021-000048호	**주소** 서울시 종로구 삼일대로 428, 500-26호
(2017년 2월 1일)	(우편번호 03140)
전화 02-929-1732	**팩스** 02-928-4229
전자우편 viator@homoviator.co.kr	
편집 이지혜	**디자인** 이은혜
제작 제이오	**인쇄** 재원프린팅 **제본** BKT
ISBN 979-11-960265-5-4 03230	**저작권자** ⓒ 김형국, 2017

이 도서의 국립중앙도서관 출판예정도서목록(CIP)은 서지정보유통지원시스템 홈페이지(http://seoji.nl.go.kr)와 국가자료공동목록시스템(http://www.nl.go.kr/kolisnet)에서 이용하실 수 있습니다.(CIP제어번호: CIP2017005289)

하나님나라 복음에 기초한 일대일 제자훈련

풍성한 삶의 기초

워크북

김형국 지음

내게 와서 내 말을 듣고 그대로 행하는 사람이
어떤 사람과 같은지를 너희에게 보여주겠다.
그는 땅을 깊이 파고, 반석 위에다 기초를 놓고 집을 짓는 사람과 같다.
홍수가 나서 물살이 그 집에 들이쳐도, 그 집은 흔들리지도 않는다.
잘 지은 집이기 때문이다.

누가복음 6:47-48

| 차 례 |

《풍성한 삶의 기초 워크북》 활용법 • 8

준비 모임_ 풍성한 삶, 어떻게 시작하는가 • 11

    풍성한 삶? 풍성한 삶! • 12 | 풍성한 삶을 누리지 못하는 세 가지 이유 • 18
    '풍성한 삶의 기초'를 실패하는 일곱 가지 비책 • 21
    '풍성한 삶의 기초' 훈련 서약서 • 24

I
그리스도 안에 있는 새로운 피조물인 나

첫 번째 만남
그리스도 안에서 주어진 축복 • 26

두 번째 만남
성경적 믿음의 원리 • 40

II
그리스도를 통한 하나님과의 인격적인 관계

세 번째 만남
하나님 알아가기 • 54

네 번째 만남
하나님 사랑하기 • 69

III
그리스도를 의지한 자기 사랑

다섯 번째 만남
참된 자기 사랑 • 84

여섯 번째 만남
성령을 따라 사는 삶 • 96

IV
그리스도의 다스림 아래에서 살아가는 공동체

일곱 번째 만남
형제 사랑을 살아내는 공동체 • 112

여덟 번째 만남
섬김의 도를 실현하는 공동체 • 126

V
그리스도와 함께하는 세상살이

아홉 번째 만남
하나님의 다스림을 드러내는 복음 전도 • 142

열 번째 만남
하나님의 다스림을 드러내는 세상 경영 • 157

VI
그리스도에 이르기까지 자라가기

열한 번째 만남
그리스도를 닮아가기 • 172

열두 번째 만남
그리스도를 기다리기 • 186

부록 1
풍성한 삶? 풍성한 삶! • 202

부록 2 제출용
《풍성한 삶의 기초》따르미 • 227
《풍성한 삶의 기초》이끄미 • 228

《풍성한 삶의 기초 워크북》 활용법

이 교재를 본래 목적에 맞게 잘 활용하기 위해서는 다음과 같은 사실을 숙지하는 것이 꼭 필요합니다.

1. '풍성한 삶의 기초' 훈련 과정은 이미 예수님을 영접하고 주인으로 모시기로 결심한 사람들을 대상으로 만들어졌습니다. 아직 예수님을 삶의 주인으로 모시지 않은 사람들은 이 교재를 사용하지 마십시오. 그분들은 먼저 《풍성한 삶으로의 초대》(비아토르)를 읽고 성경이 가르치는 복음의 내용을 분명히 하십시오.

2. 《풍성한 삶의 기초》와 《풍성한 삶의 기초 워크북》은 '풍성한 삶의 기초' 이끄미반을 이수한 이끄미(인도자)가 한 명의 따르미와 함께 공부하도록 구성한 일대일 훈련 교재입니다. 절대로 혼자 그냥 읽지 마십시오. 좀 더 책임성 있는 훈련과 공동체 내에서의 체계적인 제자훈련을 위해 www.hanabokdna.org에서 등록을 하시면 더 많은 도움을 받으실 수 있습니다. 이렇게 웹사이트에 등록하셔서 《풍성한 삶의 기초》를 수료하신 분들은 이끄미반을 공부하면서, 제자 삼는 자로서 준비하실 수 있습니다. 그러나 만약 이끄미나 함께 훈련할 사람이 없다면, 그 사람을 만나기 위해 먼저 기도하고 기다리십시오. 이끄미를 전혀 찾을 수 없는 경우라면, 두 사람이 함께 웹사이트에 신청을 하시고 이 훈련 프로그램을 진행하실 수 있습니다(자세한 내용은 웹사이트 참조).

3. 이렇게 함께 훈련할 사람이 준비되었다면, 먼저 두 사람이 방해받지 않고 공부할 수 있는 시간과 장소를 마련하십시오. 또 개인적으로 교재의 내용을 읽고 묵상할 수 있는 시간과 장소를 미리 정해두십시오.

4. 본격적으로 훈련을 시작하기에 앞서 별도의 준비 모임을 갖는 것이 좋습니다. '풍성한 삶의 기초' 훈련 과정은 예수님을 내 인생의 주인으로 받아들인 사람을 위한 것이기 때문에, 준비 모임을 통해 이 내용을 점검할 필요가 있습니다. 먼저 '부록 1'을 함께 읽고 "풍성한 삶, 어떻게 시작하는가"를 공부한 다음, 서약서를 작성하십시오. 그리고 이 훈련을 위해 함께 기도하십시오.

5. 본 교재는 총 열두 번의 만남으로 구성되어 있으며, 각 만남은 4회로 나누어져 있습니다. 일주일에 한 번의 만남을 소화하는 것이 가장 이상적입니다. 4회를 각자 읽고 묵상하고, 일주일에 한 번 이끄미와 따르미가 만나서 한 주 동안 묵상한 내용을 복습하고 나누는 시간을 갖도록 하십시오. 이 나눔에는 최소한 45분 정도의 시간이 필요하고, 깊이 나누게 된다면 한 시간 또는 두 시간 이상이 필요할 수도 있습니다. 충분한 시간을 내어 깊이 나눌수록 하나님 나라의 복음이 내면화될 것입니다.
(이 훈련 교재는 나들목교회에서 오랫동안 강의한 내용을 '쓰는 교재'로 만든 것입니다. 만약 이 훈련을 책을 읽으면서 하지 않고 강의를 듣거나 보면서 하고 싶은 경우에는 www.hanabokdna.org에서 등록한 후 mp3파일이나 동영상을 제공받으실 수 있습니다)

6. 각 만남의 끝에는, 다음 번 만남까지 준비할 과제물이 있습니다. 워크북

에 있는 과제물을 활용하여서 이끄미와 따르미가 깊은 나눔을 가지십시오. 과제물을 성실하게 해오는 것은 이 훈련에서 아주 중요한 부분입니다.

7. 이 공부로 유익을 얻으신 분은 풍성한 삶의 기초 이끄미반을 수강하여 어린 그리스도인들을 돕는 자로 성장해가며, 하나님나라 복음이 자신 속에서 더욱더 심화되는 축복을 누리십시오.

8. 본문의 질문 사이에 들어가 있는 성경 구절은 왼쪽이 대한성서공회에서 펴낸 새번역판, 오른쪽은 개역개정판입니다. 앞부분에서만 역본을 표기했고, 이후에는 생략했습니다.

주 너의 하나님이 너와 함께 계신다. 구원을 베푸실 전능하신 하나님이시다. 너를 보고서 기뻐하고 반기시고, 너를 사랑으로 새롭게 해주시고 너를 보고서 노래하며 기뻐하실 것이다(습 3:17, 새번역).

너의 하나님 여호와가 너의 가운데 계시니 그는 구원을 베푸실 전능자시라. 그가 너로 말미암아 기쁨을 이기지 못하시며 너를 잠잠히 사랑하시며 너로 말미암아 즐거이 부르며 기뻐하시리라(습 3:17, 개역개정).

"들은 것은 잊게 되지만, 눈으로 본 것은 기억이 되더라.
손수 해보니 이해가 되고, 남들에게 가르쳐보니 파악이 되더라."

| 준비 모임 |

풍성한 삶, 어떻게 시작하는가

Starting Point for the Abundant Life in Christ

풍성한 삶? 풍성한 삶!
풍성한 삶을 누리지 못하는 세 가지 이유
'풍성한 삶의 기초'를 실패하는 일곱 가지 비책
'풍성한 삶의 기초' 훈련 서약서

1

풍성한 삶?
풍성한 삶!

교재 읽기 《풍성한 삶의 기초 워크북》 부록 1
강의 듣기 〈0-A〉

우리는 《풍성한 삶의 기초》를 통해 하나님이 우리에게 허락한 생명을 풍성히 얻는 훈련을 시작하려고 합니다. 먼저 하나님이 인간을 창조하실 때 원래 가지고 계셨던 계획이 무엇인지, 그런데 왜 이러한 계획이 깨지게 되었는지, 이를 회복하기 위해서 하나님이 어떤 일을 하셨고, 우리는 이에 대해 무엇을 해야 하는지를 알아야 합니다.

1. 만물의 창조자와 주관자이신 하나님이 우리 인간들을 위해서, 우리 모두를 위해서 원래 가지고 계셨던 계획은 무엇일까요?

    (1) 하나님은 우리 각자가 하나님과 _____를 갖도록 만드셨습니다.

    > 주 너의 하나님이 너와 함께 계신다. 구원을 베푸실 전능하신 하나님이시다. 너를 보고서 기뻐하고 반기시고, 너를 사랑으로 새롭게 해주시고 너를 보고서 노래

    > 너의 하나님 여호와가 너의 가운데 계시니 그는 구원을 베푸실 전능자시라. 그가 너로 말미암아 기쁨을 이기지 못하시며 너를 잠잠히 사랑하시며 너로 말미암아

하며 기뻐하실 것이다(습 3:17, 새번역). 즐거이 부르며 기뻐하시리라 하리라(습 3:17, 개역개정).

예수께서 그에게 말씀하셨다. '네 마음을 다하고, 네 목숨을 다 하고, 네 뜻을 다하여, 주 너의 하나님을 사랑하여라' 하였으니(마 22:37, 새번역).

예수께서 이르시되 네 마음을 다하고 목숨을 다하고 뜻을 다하여 주 너의 하나님을 사랑하라 하셨으니(마 22:37, 개역개정).

(2) 하나님은 내가 _____ 을 사랑하기를 원하십니다.

둘째 계명도 이것과 같은데, "네 이웃을 네 몸과 같이 사랑하여라" 한 것이다(마 22:39).

둘째도 그와 같으니 네 이웃을 네 몸과 같이 사랑하라 하셨으니(마 22:39).

(3) 하나님은 내가 내 _____ 을 사랑하기를 원하십니다.

이제 나는 너희에게 새 계명을 준다. 서로 사랑하여라. 내가 너희를 사랑한 것같이, 너희도 서로 사랑하여라(요 13:34).

새 계명을 너희에게 주노니 서로 사랑하라. 내가 너희를 사랑한 것같이 너희도 서로 사랑하라(요 13:34).

(4) 하나님은 내가 하나님의 세상을 잘 _____ 하기를 원하십니다.

하나님이 말씀하시기를 "우리가 우리의 형상을 따라서, 우리의 모양대로 사람을 만들자. 그리고 그가, 바다의 고기와 공중의 새와 땅 위에 사는 온갖 들짐승과 땅 위를 기어다니는 모든 길짐승을 다스리게 하자" 하시고(창 1:26).

하나님이 이르시되 우리의 형상을 따라 우리의 모양대로 우리가 사람을 만들고 그들로 바다의 물고기와 하늘의 새와 가축과 온 땅과 땅에 기는 모든 것을 다스리게 하자 하시고(창 1:26).

2. 우리를 향하신 하나님의 원래 계획은 우리가 위의 네 가지 관계에서 조화롭게 사랑을 주고받으며 행복하게 사는 것이었습니다. 그런데 우리가

살고 있는 세상은 이 네 가지 관계가 모두 깨져버리고 말았는데, 그 이유는 무엇입니까?

_____

_____

_____

3. 성경에서 이야기하는 '죄'는 단지 양심에 거리끼는 행동을 하거나 사회적 규범에 어긋나는 행위를 하는 것, 또는 마음속에 품은 나쁜 생각을 의미하지 않습니다. 그렇다면 성경이 말하는 죄의 본질은 무엇입니까?

> 오직, 너희 죄악이 너희와 너희의 하나님 사이를 갈라놓았고, 너희의 죄 때문에 주님께서 너희에게서 얼굴을 돌리셔서, 너희의 말을 듣지 않으실 뿐이다(사 59:2).
>
> 모든 사람이 죄를 범하였습니다. 그래서 사람은 하나님의 영광에 못 미치는 처지에 놓여 있습니다(롬 3:23).

> 오직 너희 죄악이 너희와 너희 하나님 사이를 갈라놓았고 너희 죄가 그의 얼굴을 가리어서 너희에게서 듣지 않으시게 함이니라(사 59:2)
>
> 모든 사람이 죄를 범하였으매 하나님의 영광에 이르지 못하더니(롬 3:23).

_____

_____

_____

4. 우리는 죄의 문제를 해결하기 위해 나름대로 여러 가지 방법을 쓰지만, 가장 중심적인 문제가 해결되지 않는 한 실패할 수밖에 없습니다. 그렇다면 하나님은 이 문제를 어떻게 근본적으로 해결하십니까?

(1) 예수 그리스도를 통해 나의 _____의 _____를 지불하셨습니다.

> 예수께서 그에게 말씀하셨다. "나는 길이요, 진리요, 생명이다. 나를 거치지 않고서는, 아무도 아버지께로 갈 사람이 없다"(요 14:6).
>
> 예수께서 이르시되 내가 곧 길이요 진리요 생명이니 나로 말미암지 않고는 아버지께로 올 자가 없느니라(요 14:6).
>
> 죄의 삯은 죽음이요, 하나님의 선물은 우리 주 예수 그리스도 안에서 누리는 영원한 생명입니다(롬 6:23).
>
> 죄의 삯은 사망이요 하나님의 은사는 그리스도 예수 우리 주 안에 있는 영생이니라(롬 6:23).

(2) 성경은 하나님이 자신의 하나밖에 없는 _____을 희생시키면서, 하나님이 우리를 얼마나 _____ 하시는지 보여주고, 그로 말미암아 우리로 하여금 _____ 있는 삶을 살게 하셨다고 말합니다.

> 그러나 우리가 아직 죄인이었을 때에, 그리스도께서 우리를 위하여 죽으셨습니다. 이리하여 하나님께서는 우리들에 대한 자기의 사랑을 실증하셨습니다(롬 5:8).
>
> 우리가 아직 죄인 되었을 때에 그리스도께서 우리를 위하여 죽으심으로 하나님께서 우리에게 대한 자기의 사랑을 확증하셨느니라(롬 5:8).

5. 하나님이 예수님의 죽으심과 부활하심을 통하여 우리에게 주신 구원의 소식을 듣게 된다면, 사람들은 U자를 그리며 인생의 방향을 바꾸게 됩니다(U-turn). 이것을 '회개'라고 하는데, 이 회개에는 다음과 같은 반응이 포함됩니다.

(1) 하나님이 내 삶의 중심부에 계시지 않다는 사실을 _____하는 것입니다.

> 사람들은 하나님을 알면서도, 하나님을 하나님으로 영화롭게 해드리거나 감사를 드리기는커녕, 오히려 생각이 허망해져서, 그들의 지각없는 마음이 어두워졌습니다(롬 1:21).

> 하나님을 알되 하나님을 영화롭게도 아니하며 감사하지도 아니하고 오히려 그 생각이 허망하여지며 미련한 마음이 어두워졌나니(롬 1:21).

(2) 예수님이 내 죄의 대가로 십자가에서 죽으시고 부활하셔서 오늘도 살아 계시고 나에게 구원을 선물로 주신다는 사실을 _____ 합니다.

> 당신이 만일 예수는 주님이라고 입으로 고백하고, 하나님께서 그를 죽은 사람들 가운데서 살리신 것을 마음으로 믿으면 구원을 얻을 것입니다(롬 10:9).

> 네가 만일 네 입으로 예수를 주로 시인하며 또 하나님께서 그를 죽은 자 가운데서 살리신 것을 네 마음에 믿으면 구원을 받으리라(로마 10:9).

(3) 예수님을 나의 삶에, 특별히 앞의 네 관계에서 주인이 되도록 _____ _____ 것을 뜻합니다.

> 그러나 그를 맞아들인 사람들, 곧 그 이름을 믿는 사람들에게는, 하나님의 자녀가 되는 특권을 주셨다(요 1:12).

> 영접하는 자 곧 그 이름을 믿는 자들에게는 하나님의 자녀가 되는 권세를 주셨으니(요 1:12).

6. 이러한 '기쁜 소식' 곧 복음을 들으면, 사람들은 보통 다섯 가지 중 한 가지 반응을 보입니다.

(1) 예수님이 이미 주인인 사실을 _____ 합니다(rejoice).

(2) 예수님께 _____ 합니다(recommit).

(3) 예수님을 마음에 _____ 합니다(receive).

(4) 예수님을 더 _____ 합니다(research).

(5) 예수님을 _____ 합니다(reject).

준비모임

MEMO

> "예수님을 우리의 주님으로 모시는 것은
> 우리의 영적 순례의 기초이자 출발점입니다.
> 그리고 이것은 하나님의 공동체인 교회가 존재할 수 있는
> 단 하나의 이유입니다."

함께 이야기 나누기 (15분)

- 우리에게 "생명을 얻게" 하는 하나님나라 복음에 대한 당신의 반응은 다섯 가지 중에 무엇이고, 그 이유는 무엇입니까?

- 《풍성한 삶의 기초》 훈련을 시작할 준비가 된 사람은 어떤 사람입니까? 당신은 이 훈련을 시작할 최소한의 준비가 되었습니까? 그렇다면 이 훈련을 시작하면서 어떤 기대감을 가지고 있습니까?

2

풍성한 삶을 누리지 못하는 세 가지 이유

교재 읽기 《풍성한 삶의 기초》 8–16쪽
강의 듣기 〈0–A〉

예수님이 오신 것은 우리가 생명을 풍성히 얻어 누리기 위함이라는 말씀은 종종 우리를 곤혹스럽게 합니다. 우리 현실은 이와 사뭇 다르게 보이기 때문입니다. 그리스도인들은 왜 풍성한 삶을 누리지 못할까요? 그리스도인들에게 허락된 풍성한 삶이란 도대체 무엇일까요? 이제 이 질문들에 답을 찾아가는 여정을 시작해보려고 합니다.

함께 시작하면서 (5분)

- 당신의 지나온 교회 생활에 대해서 간략히 이야기해보십시오.

- 당신의 신앙생활을 인간의 성장 단계(태아, 신생아, 어린이, 청소년, 청년, 장년, 노년)와 건강 상태(양호, 비만, 영양실조, 어떤 특별한 병 등)로 표현한다면 어떻게 표현할 수 있겠습니까? 그리고 그 이유는 무엇입니까?

1. '요한복음 10장 10절의 딜레마'란 어떤 상황을 두고 하는 말인지 자신의 말로 정리해보십시오.

   나는 양들이 생명을 얻고 또 더 넘치게 얻게 하려고 왔다(새번역).   내가 온 것은 양으로 생명을 얻게 하고 더 풍성히 얻게 하려는 것이라(개역개정).

2. 우리에게 허락된 '풍성한 삶'을 제대로 누리지 못하는 세 가지 이유는 무엇입니까?

   (1) 예수님의 가르침을 _____ 받아들이지 않았기 때문입니다.

   (2) 하나님나라 복음의 가르침을 _____ 배우고 익히지 못했기 때문입니다.

   (3) _____ 을 잃었기 때문입니다.

3. 아래 그림에서 빈 칸을 채워넣고, '그리스도 안에 있는 풍성한 삶'을 간단히 요약해보십시오.

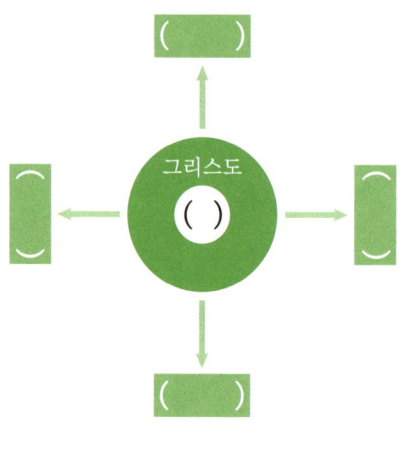

_____
_____
_____
_____

4. '총체적 복음' 또는 '하나님나라 복음'은 당신이 이 땅에서 사는 데 어떤 것을 가르쳐줍니까?

_____
_____
_____
_____
_____

3
'풍성한 삶의 기초를 실패하는 일곱 가지 비책

교재 읽기 《풍성한 삶의 기초》 19–22쪽
강의 듣기 〈0–B〉

'풍성한 삶의 기초' 훈련은 우리가 예수 그리스도로 말미암아 변화된 존재로, 교회와 세상에서 예수님을 주로 섬기는 사람답게 사는 원리와 방법을 전수합니다. 이런 면에서 '풍성한 삶의 기초'에서 '기초'라는 말은 '초보'라는 뜻보다는 '토대'라는 뜻에 가깝습니다. 이 훈련 과정을 통해 좋은 결과를 얻고자 한다면 다음 장애물들을 꼭 피해야 합니다.

비책 1: _____을 대충 빨리 읽으십시오. _____은 익숙하니 건너뛰십시오.

비책 2: 대답은 "예", "아니오"로만 하고, 만남을 _____하십시오.

비책 3: _____과 _____을 별로 중요하게 여기지 마십시오.

비책 4: 급하고 바쁜 일이 있을 때는 _____번쯤 쉬십시오.

비책 5: 이끄미와 따르미는 '나눔' 시간 _____에 굳이 만나거나 연락하지 마십시오.

비책 6: 서로를 위해 _____하지 않고 그냥 강의만 듣고 이야기만 하십시오.

비책 7: _____한 이끄미라면 여러 명과 해야 훈련이 더욱 풍성해진다고 생각하십시오.

함께 이야기 나누기 (10분)

- '풍성한 삶의 기초' 훈련을 시작하면서 어떤 기대감을 가지고 있습니까?

- '풍성한 삶의 기초'를 진행하면서 어떤 어려움을 만날 것 같은지 이야기해 봅시다.

- '풍성한 삶의 기초'를 시작하면서 각자의 가장 중요한 기도제목을 두 개씩 나누고, 이를 위해 서로 계속 기도해주십시오.

이끄미
(1)
(2)

따르미
(1)
(2)

도움이 되는 자료 * 는 소책자입니다.

《풍성한 삶으로의 초대》 (김형국, 비아토르)
《기독교의 기본 진리》 (존 스토트, 생명의말씀사)
《그리스도인이 되는 길》 (존 스토트, IVP)*

다음 서약서에 함께 서명하고 함께 이 훈련을 위해서 기도하십시오.

'풍성한 삶의 기초' 훈련 서약서

이끄미 _____ 과(와) 따르미 _____ 는(은) 예수님이 허락하신 풍성한 삶을 배우고 누리기 위해서 다음과 같은 내용을 하나님 앞에서 약속합니다.

***

1. 이 과정은 훈련이므로 이에 최우선순위를 두겠으며, 이 훈련을 잘 마치기 위해 우리는 _____월 _____일에서 _____월 _____일까지 _____ 에서 _____ 요일 _____ 시에 모여 매주 빠지지 않고 만나 훈련하겠습니다.

2. 나는 성실하게 읽고 묵상하는 시간을 갖고 과제물을 충실하게 해내겠습니다.

3. 나는 상대방을 위해서 기도하며, 나눔 가운데 있었던 속 깊은 이야기를 다른 사람들에게 절대 옮기지 않고 내 기도 가운데서만 주님 앞에서 기억하겠습니다.

년   월   일

이끄미: _____   서명: _____
따르미: _____   서명: _____

| 1부 |

그리스도 안에 있는 새로운 피조물인 나
New Creation in Christ

하나님

자신　그리스도/나　세상

공동체

첫 번째 만남 • 그리스도 안에서 주어진 축복
두 번째 만남 • 성경적 믿음의 원리

| 첫 번째 만남 |

그리스도 안에서
주어진 축복

우리는 사실 별 볼일 없는 존재입니다. 그러나 예수님과의 특별한 관계 때문에 우리는 더 이상 평범한 사람일 수 없게 되었습니다. 하나님은 우리 각자에게 특별한 의미를 부여하셨고, 그 의미 때문에 우리 한 사람 한 사람은 모두 특별한 존재입니다. 성경은 우리가 하나님의 '포이에마', 즉 작품이라고 말합니다. 만약 우리가 스스로를 하나님이 만드신 작품으로 바라보고, 주변 사람들을 하나님이 만드신 작품으로 보기 시작한다면, 우리 인생은 바뀌기 시작할 것입니다. 우리에게 어떤 과거가 있든지, 어떤 슬픔과 아픔이 있든지, 좌절해서 다시 일어설 수 없는 무언가가 있든지 간에 우리는 그리스도 안에서 '특별한 존재'라는 사실을 잊지 말아야 합니다.

함께 시작하면서(10분)

- 지난 주 이후, '풍성한 삶의 기초' 훈련이나 서로를 위해서 기도한 것, 혹은 특별히 준비하거나 생각한 것이 있다면 나누어봅시다.

- 그리스도인의 삶은 예수님을 우리 각자의 개인적인 주님으로 영접하면서 시작됩니다. 당신은 예수님을 언제, 어떻게 영접하였습니까?

- 세상에는 자신을 그리스도인이라고 소개하는 사람들이 수없이 많습니다. 그렇다면, 진정한 그리스도인은 어떤 특징(자질, 또는 표지)이 있다고 생각합니까?

1

그리스도인이
된다는 것의 의미

교재 읽기 《풍성한 삶의 기초》 28-36쪽
강의 듣기 〈1-A〉

그리스도인이 된다는 것이 너무도 쉬워 보이는 오늘날, 진정으로 그리스도인이 된다는 것은 무엇을 의미할까요? 혹 오늘날 우리가 그리스도인이라고 생각하는 모습이 진짜가 아니라 가짜라면, 심각한 문제가 아닐 수 없습니다. 그리스도인으로 살아가기 위해서, 또 그리스도인다운 풍성한 삶을 누리기 위해서는 이 출발점을 분명히 하는 일이 무엇보다 중요합니다.

1. 그리스도인이 된다는 것에 대해서는 많은 오해가 있습니다. 그 오해들은 어떤 것입니까?

---

2. 그렇다면 그리스도인이 된다는 것은 무엇입니까? 그리스도인이 된다는 것은 다음 네 가지 중요한 사실을 진심으로 믿고 살아 계신 예수님께 반

응하는 것을 의미합니다.

(1) 하나님이 세상과 인간과 나를 창조하셨기에 하나님은 창조주이시며 인간의 역사와 문화, 나의 주인이십니다. 한마디로 요약하면 _____ 입니다(창 1장; 특히 26-28절).

하나님이 말씀하시기를 "우리가 우리의 형상을 따라서, 우리의 모양대로 사람을 만들자. 그리고 그가, 바다의 고기와 공중의 새와 땅 위에 사는 온갖 들짐승과 땅 위를 기어다니는 모든 길짐승을 다스리게 하자" 하시고, 하나님이 당신의 형상대로 사람을 창조하셨으니, 곧 하나님의 형상대로 사람을 창조하셨다. 하나님이 그들을 남자와 여자로 창조하셨다. 하나님이 그들에게 복을 베푸셨다. 하나님이 그들에게 말씀하시기를 "생육하고 번성하여 땅에 충만하여라. 땅을 정복하여라. 바다의 고기와 공중의 새와 땅 위에서 살아 움직이는 모든 생물을 다스려라" 하셨다(창 1:26-28, 새번역).	하나님이 이르시되 우리의 형상을 따라 우리의 모양대로 우리가 사람을 만들고 그들로 바다의 물고기와 하늘의 새와 가축과 온 땅과 땅에 기는 모든 것을 다스리게 하자 하시고 하나님이 자기 형상 곧 하나님의 형상대로 사람을 창조하시되 남자와 여자를 창조하시고 하나님이 그들에게 복을 주시며 하나님이 그들에게 이르시되 생육하고 번성하여 땅에 충만하라, 땅을 정복하라, 바다의 물고기와 하늘의 새와 땅에 움직이는 모든 생물을 다스리라 하시니라(창 1:26-28, 개역개정).

_____

_____

(2) 그러나 인간은 하나님이 주인이신 것을 거부하고 자신이 스스로 주인 행세를 하고 있고 나 또한 그러한 사람이었습니다. 이러한 상태를 죄라고 합니다. 한마디로 말해서 둘째 내용은, _____ 입니다(창 3장; 롬 3:23).

모든 사람이 죄를 범하였습니다. 그래서 사람은 하나님의 영광에 못 미치는 처지에 놓여 있습니다 (롬 3:23).

모든 사람이 죄를 범하였으매 하나님의 영광에 이르지 못하더니 (롬 3:23).

_____

_____

(3) 이러한 창조주에 대한 반역의 대가는 죽음밖에 없습니다. 그런데 하나님은 우리 인간, 그리고 우리 각자를 너무 사랑하셨기 때문에 우리가 지불해야 할 대가를 예수님이 _____에서 대신 지게 하십니다. 이것이 세 번째 중요한 진리입니다 (롬 6:23; 요 3:16).

죄의 삯은 죽음이요, 하나님의 선물은 우리 주 예수 그리스도 안에서 누리는 영원한 생명입니다 (롬 6:23).

죄의 삯은 사망이요 하나님의 은사는 그리스도 예수 우리 주 안에 있는 영생이니라 (롬 6:23).

하나님께서 세상을 이처럼 사랑하셔서 외아들을 주셨으니, 이는 그를 믿는 사람마다 멸망하지 않고 영생을 얻게 하려는 것이다 (요 3:16).

하나님이 세상을 이처럼 사랑하사 독생자를 주셨으니 이는 그를 믿는 자마다 멸망하지 않고 영생을 얻게 하심이라 (요 3:16).

_____

_____

(4) 예수님의 십자가 죽음으로 나타난 하나님의 사랑을 받아들이고 예수님을 나의 삶의 주인으로 _____하면 나는 하나님의 자녀, 곧 그리스도인이 될 수 있습니다 (요 1:12).

그러나 그를 맞아들인 사람들, 곧 그 이름을 믿는 사람들에게는, 하나님의 자녀가 되는 특권을 주셨다(요 1:12).

영접하는 자 곧 그 이름을 믿는 자들에게는 하나님의 자녀가 되는 권세를 주셨으니(요 1:12).

MEMO

2

예수님을 주로 영접한 이들의 고백

교재 읽기 《풍성한 삶의 기초》 37-44쪽
강의 듣기 〈1-A〉

예수님을 우리의 왕과 주인으로 고백하는 것은 실로 엄청난 일이며 놀라운 고백입니다. 예수님을 영접하겠다고 고백한 사람들은 이제 자신의 뜻대로가 아니라 그분의 뜻대로 살겠다고 결단합니다. 나아가 그 고백은 고백으로 그치지 않고 우리 삶의 모든 영역에 영향을 끼치기 시작합니다. "예수님이 나의 주인이십니다"라는 고백이 우리 삶에 미치는 영향을 살펴보겠습니다.

1. 예수님을 진정으로 영접한 자들, 진정으로 구원을 받은 이들은 어떤 고백을 합니까? 로마서 14장 7-9절을 읽고 그 고백을 정리해보십시오.

우리 가운데는 자기만을 위하여 사는 사람도 없고, 또 자기만을 위하여 죽는 사람도 없습니다. 우리는 살아도 주님을 위하여 살고, 죽어도 주님을 위하여 죽습니다. 그러므로 우리는 살든지 죽든지 주님의 것입니다. 그리스도께서 죽으셨다가 살아나신 것은, 죽은 사람에게도 산 사람에게도, 다 주님이

우리 중에 누구든지 자기를 위하여 사는 자가 없고 자기를 위하여 죽는 자도 없도다. 우리가 살아도 주를 위하여 살고 죽어도 주를 위하여 죽나니 그러므로 사나 죽으나 우리가 주의 것이로다. 이를 위하여 그리스도께서 죽었다가 다시 살아나셨으니 곧 죽은 자와 산 자의 주가 되려 하심이

되시려는 것이었습니다(롬 14:7-9).   라(롬 14:7-9).

_____

_____

2. 예수님이 나의 삶의 주인이시라면 우리의 삶은 어떻게 달라질까요?

_____

_____

3. 예수님을 나의 주인으로 고백하지만, 우리는 여전히 혼란스러워합니다. 우리가 혼란을 느끼거나 부정적인 생각에 사로잡히는 이유는 무엇입니까? 그것을 극복하기 위해 우리가 붙잡아야 할 것은 무엇입니까?

_____

_____

함께 이야기 나누기 (10분)

- 진정한 그리스도인이 믿는 네 가지 내용을 자신의 말로 풀어서 말해보십시오.

- 스스로 그리스도인이라고 부를 때, 불편한 부분이 있을지도 모릅니다. 만약 있다면, 무엇 때문이고, 그 이유는 무엇입니까?

3
그리스도 안에서 이루어진 일 I

교재 읽기 《풍성한 삶의 기초》 45–56쪽
강의 듣기 〈1–B〉

우리가 예수님을 믿을 때 주어지는 하나님의 축복은 엄청납니다. 하지만 우리는 정작 그 사실을 제대로 알지 못하고 누리지도 못하고 있습니다. 우리에게 허락된 풍성한 삶을 누리기 위해서는 먼저 우리에게 일어난 엄청난 일이 무엇인지를 알아야 합니다. 그 영적인 축복을 끊임없이 발굴하고 탐험해나가는 것이 그리스도인의 삶이기 때문입니다.

1. 우리는 어떤 사람들을 '불행한 그리스도인'이라고 말할 수 있습니까?

2. 우리가 그리스도 안에서 예수님을 믿게 되었고, 예수님께 속하여 그분의 것이 되었다면, 그로 인해 우리에게는 엄청난 일들이 일어났습니다. 우리가 얻는 그 영적 축복은 무엇일까요?

(1) 첫 번째 축복은 "하나님이 _____ 안에서 나를 _____"
는 것입니다.

* 요한복음 1장 12절에 나오는 것처럼, 우리는 _____가 되었습니다.

그러나 그를 맞아들인 사람들, 곧 그 이름을 믿는 사람들에게는, 하나님의 자녀가 되는 특권을 주셨다(요 1:12).

영접하는 자 곧 그 이름을 믿는 자들에게는 하나님의 자녀가 되는 권세를 주셨으니(요 1:12).

* 로마서 8장 15절에 나오는 것처럼, 우리는 _____고 할 수 있습니다.

여러분은 또다시 두려움에 빠뜨리는 종살이의 영을 받은 것이 아니라, 자녀로 삼으시는 영을 받았습니다. 그래서 우리는 그 영으로 하나님을 "아빠, 아버지"라고 부릅니다(롬 8:15).

너희는 다시 무서워하는 종의 영을 받지 아니하고 양자의 영을 받았으므로 우리가 아빠 아버지라고 부르짖느니라(롬 8:15).

* 고린도전서 6장 19-20절에서는 우리를 _____고 말합니다.

여러분의 몸은 여러분 안에 계신 성령의 성전이라는 것을 알지 못합니까? 여러분은 성령을 하나님으로부터 받아서 모시고 있습니다. 여러분은 여러분 자신의 것이 아닙니다. 여러분은 하나님께서 값을 치르고 사들인 사람입니다. 그러므로 여러분의 몸으로 하나님을 영화롭게 하십시오(고전 6:19-20).

너희 몸은 너희가 하나님께로부터 받은 바 너희 가운데 계신 성령의 전인 줄을 알지 못하느냐. 너희는 너희 자신의 것이 아니라 값으로 산 것이 되었으니 그런즉 너희 몸으로 하나님께 영광을 돌리라(고전 6:19-20).

* 골로새서 1장 13-14절에서는 우리가 _____고 표현하고 있습니다.

아버지께서 우리를 암흑의 권세에서 건져내셔서, 자기의 사랑하는 아들의 나라로 옮기셨습니다. 우리는 그 아들 안에서 구속 곧 죄 사함을 받았습니다(골 1:13-14).

그가 우리를 흑암의 권세에서 건져내사 그의 사랑의 아들의 나라로 옮기셨으니 그 아들 안에서 우리가 속량 곧 죄 사함을 얻었도다(골 1:13-14).

(2) 두 번째 축복은 "나는 _____ 안에서 _____"라는 것입니다.

* 요한복음 15장 5절은 우리가 _____ 라고 말합니다.

나는 포도나무요, 너희는 가지이다. 사람이 내 안에 머물러 있고, 내가 그 안에 머물러 있으면, 그는 많은 열매를 맺는다. 너희는 나를 떠나서는 아무것도 할 수 없다(요 15:5).

나는 포도나무요 너희는 가지라 그가 내 안에, 내가 그 안에 거하면 사람이 열매를 많이 맺나니 나를 떠나서는 너희가 아무것도 할 수 없음이라(요 15:5).

* 에베소서 2장 10절에서는 우리가 하나님의 _____ 이라고 말합니다.

우리는 하나님의 작품입니다. 선한 일을 하게 하시려고, 하나님께서 그리스도 예수 안에서 우리를 만드셨습니다. 하나님께서 이렇게 미리 준비하신 것은, 우리가 선한 일을 하며 살아가게 하시려는 것입니다(엡 2:10).

우리는 그가 만드신 바라. 그리스도 예수 안에서 선한 일을 위하여 지으심을 받은 자니 이 일은 하나님이 전에 예비하사 우리로 그 가운데서 행하게 하려 하심이니라(엡 2:10).

* 그래서 사도 바울은 빌립보서 4장 13절에서 무엇이라고 고백합니까?

나에게 능력을 주시는 분 안에서, 나는 모든 것을 할 수 있습니다(빌 4:13).

내게 능력 주시는 자 안에서 내가 모든 것을 할 수 있느니라(빌 4:13).

MEMO

4
그리스도 안에서 이루어진 일 II

교재 읽기 《풍성한 삶의 기초》 57–64쪽
강의 듣기 〈1–B〉

우리는 그리스도 안에서 '특별한 존재'가 되었을 뿐만 아니라 새로운 관계와 소속을 경험하게 됩니다. 그러한 경험은 자기 자신을 새롭게 인식하도록 도와주며, 나아가 공동체를 새로운 관점에서 바라보도록 이끄는 한편, 서로 사랑하며 보살피고, 동일한 사명을 가지고 일하며, 궁극적으로 이것을 가능케 하신 하나님을 바라보고 예배하며 살게 합니다.

(3) 마지막 세 번째 축복은, "나는 _____ 안에서 새로운 _____ 에 속했다"는 것입니다.

* 에베소서 2장 19절은 그리스도 안에 있는 우리가 _____ 이라고 말합니다.

그러므로 이제부터 여러분은 외국 사람이나 나그네가 아니요, 성도들과 함께 시민이며 하나님의 가족입니다(엡 2:19).

그러므로 이제부터 너희는 외인도 아니요 나그네도 아니요 오직 성도들과 동일한 시민이요 하나님의 권속이라(엡 2:19).

* 고린도전서 12장 27절에서는 교회를 _____ 이라고 말합니다.

| 여러분은 그리스도의 몸이요, 따로 따로는 지체들입니다 (고전 12:27). | 너희는 그리스도의 몸이요 지체의 각 부분이라 (고전 12:27). |

* 에베소서 2장 21-22절에서는 어떻게 표현하고 있습니까? 또 이는 어떤 점을 강조합니까?

| 그리스도 안에서 건물 전체가 서로 연결되어서, 주님 안에서 자라서 성전이 됩니다. 그리스도 안에서 여러분도 함께 세워져서 하나님이 성령으로 거하실 처소가 됩니다 (엡 2:21-22). | 그의 안에서 건물마다 서로 연결하여 주 안에서 성전이 되어 가고 너희도 성령 안에서 하나님이 거하실 처소가 되기 위하여 그리스도 예수 안에서 함께 지어져가느니라 (엡 2:21-22). |

_____
_____
_____

3. 이러한 그리스도인의 축복을 알았던 사도 바울은 이런 사실들을 바라보면서 감격합니다. 고린도후서 5장 17절에서 그는 그리스도인을 어떻게 묘사합니까?

| 누구든지 그리스도 안에 있으면, 그는 새로운 피조물입니다. 옛 것은 지나갔습니다. 보십시오, 새 것이 되었습니다 (고후 5:17). | 그런즉 누구든지 그리스도 안에 있으면 새로운 피조물이라. 이전 것은 지나갔으니 보라 새 것이 되었도다 (고후 5:17). |

_____
_____
_____
_____
_____

함께 이야기 나누기 (10분)

- 예수님을 영접하여 예수님이 우리 가운데 계시고, 우리가 그 안에 있게 됨으로써 얻게 된 축복 세 가지가 각각 당신에게는 어떤 의미가 있습니까? 새롭게 깨닫거나 간증할 내용이 있으면 이야기해봅시다.

* 하나님이 그리스도 안에서 나를 받아들이셨다.
* 나는 그리스도 안에서 특별한 존재다.
* 나는 그리스도 안에서 새로운 가족 공동체에 속했다.

함께 기도합시다 (5분)

"하나님 아버지, 우리가 하나님을 떠나 죄인으로 심판을 피할 수 없었는데, 당신의 존귀하신 아들 예수님이 우리를 대신해서 심판받게 하셨습니다. 우리가 이 예수님을 주인으로 받아들일 때 그리스도가 우리 안에 거하시고, 우리는 그리스도 안에서 놀라운 축복을 이미 받았습니다. 그리스도 안에서 우리를 완전히 받아주셔서 감사합니다. 그리스도 안에서 우리를 특별한 존재로 삼아주셔서 감사합니다. 뿐만 아니라, 우리를 그리스도 안에서 새로운 가족 공동체에 속하게 해주셔서 감사합니다. 우리로 이 축복의 깊이를 알아가게 하옵소서."

MEMO

과제물

1. 아침에 일어나면 매일 제일 먼저 그리스도 안에서 이루어진 일 세 가지를 묵상하십시오.

2. 고린도후서 5장 17절을 암송합시다. 암송은 하나님의 말씀을 우리의 심령에 새겨놓을 수 있어서 언제든지 주야로 말씀을 묵상할 수 있습니다.

도움이 되는 자료

《나는 왜 그리스도인이 되었는가》(존 스토트, IVP)
《그리스도의 십자가》(존 스토트, IVP)
《참사랑은 그 어디에》(마쓰미 토요토미, IVP) *
《그리스도인이 되는 길》(존 스토트, IVP) *

| 두 번째 만남 |

성경적
믿음의 원리

성경이 가르치는 '그리스도 안에 있는 삶'은 시간이 지나면서 탈색하고 퇴색하고 생기가 없어지는 것이 아니라 오히려 세월이 지나면 지날수록 더 깊어지고, 더 맛이 나고, 더 멋있어집니다. 이것이 예수님이 말씀하신 '풍성한 삶'입니다. 그런데 왜 수많은 그리스도인들이 신앙생활을 오래 하고 훈련을 수없이 받았음에도 열매를 얻지 못하고 생명력 없이 살아갈까요? 무엇을 꺼내 써야 할지 잘 모르거나, 알면서도 꺼내 쓰지 않기 때문입니다. 풍성한 삶을 누리고, 지속적으로 누리게 하는 것은 바로 하나님이 하신 일에 대한 전인격적인 반응, 곧 믿음입니다. 이번 만남에서는 믿음의 의미와 믿음으로 사는 삶의 원리를 배워보겠습니다.

함께 시작하면서 (10분)

- 고린도후서 5장 17절을 함께 암송해봅시다.

- 예수님을 주인으로 모시고 난 이후에 당신에게는 어떤 변화가 나타났습니까?

- 그 가운데 특별히 당신이 지난 한 주 동안 기억하면서 힘이 된 내용은 어떤 것이 있습니까?

1
그리스도 안에서 받은 축복을 누리는 열쇠

교재 읽기 《풍성한 삶의 기초》 66–73쪽
강의 듣기 〈2–A〉

마태, 마가, 누가복음에 모두 나오는 '씨 뿌리는 자의 비유'는 그리스도인들이 하나님나라 백성으로 살 수 있도록 주신 핵심 가르침입니다. 이 비유에 나오는 돌짝밭과 가시덤불은 지난 2천 년 동안 풍성한 삶을 누리지 못하도록 만드는 마음 자세였습니다. 이 비유를 통해 어떻게 하나님의 놀라운 은혜가 우리 속에서 자라나서 삼십 배, 육십 배, 백 배의 놀라운 열매를 맺는지 살펴봅시다.

많은 그리스도인들이 첫 번째 만남에서 배운 놀라운 축복을 받았음에도 그에 걸맞게 자라지 못하는 경우가 많은데, 그 이유가 무엇인지 예수님이 누가복음 8장 5-15절에서 가르쳐주십니다.

⁵씨 뿌리는 사람이 씨를 뿌리러 나갔다. 그가 씨를 뿌리는데, 더러는 길가에 떨어지니, 발에 밟히기도 하고, 하늘의 새들이 쪼아먹기도 하였다. ⁶또 더러는 돌짝밭에 떨어지니, 싹이 돋아났다가 물기가 없어서 말라버렸다. ⁷또 더러는 가시덤불 속에 떨	⁵씨를 뿌리는 자가 그 씨를 뿌리러 나가서 뿌릴새 더러는 길 가에 떨어지매 밟히며 공중의 새들이 먹어버렸고 ⁶더러는 바위 위에 떨어지매 싹이 났다가 습기가 없으므로 말랐고 ⁷더러는 가시떨기 속에 떨어지매 가시가 함께 자라서 기운을 막았고 ⁸더

어지니 가시덤불이 함께 자라서, 그 기운을 막았다. ⁸그런데 더러는 좋은 땅에 떨어져서 자라나 백 배의 열매를 맺었다… ¹¹"그 비유의 뜻은 이러하다. 씨는 하나님의 말씀이다. ¹²길가에 떨어진 것들은, 말씀을 듣기는 하였으나, 그 뒤에 악마가 와서, 그들의 마음에서 말씀을 빼앗아 가므로, 믿지 못하고 구원을 받지 못하게 되는 사람들이다. ¹³돌짝밭에 떨어진 것들은, 들을 때에는 그 말씀을 기쁘게 받아들이지만, 뿌리가 없으므로 잠시 동안 믿다가, 시련의 때가 오면 떨어져 나가는 사람들이다. ¹⁴가시덤불에 떨어진 것들은, 말씀을 들었으나, 살아가는 동안에 근심과 재물과 인생의 향락에 사로잡혀서, 열매를 맺는 데에 이르지 못하는 사람들이다. ¹⁵그리고 좋은 땅에 떨어진 것들은, 바르고 착한 마음으로 말씀을 듣고서, 그것을 굳게 간직하여 견디는 가운데 열매를 맺는 사람들이다"(눅 8:5-8, 11-15).

러는 좋은 땅에 떨어지매 나서 백 배의 결실을 하였느니라. 이 말씀을 하시고 외치시되 들을 귀 있는 자는 들을지어다… ¹¹이 비유는 이러하니라 씨는 하나님의 말씀이요 ¹²길 가에 있다는 것은 말씀을 들은 자니 이에 마귀가 가서 그들이 믿어 구원을 얻지 못하게 하려고 말씀을 그 마음에서 빼앗는 것이요 ¹³바위 위에 있다는 것은 말씀을 들을 때에 기쁨으로 받으나 뿌리가 없어 잠깐 믿다가 시련을 당할 때에 배반하는 자요 ¹⁴가시떨기에 떨어졌다는 것은 말씀을 들은 자이나 지내는 중 이생의 염려와 재물과 향락에 기운이 막혀 온전히 결실하지 못하는 자요 ¹⁵좋은 땅에 있다는 것은 착하고 좋은 마음으로 말씀을 듣고 지키어 인내로 결실하는 자니라(눅 8:5-8, 11-15).

1. 이 비유 속의 '씨'는 무엇을 가리키는지 구체적으로 이야기해보십시오.

_____

_____

2. 네 가지 밭 중 앞의 세 가지 밭은 어떤 것입니까?

   (1) _____ 에 떨어진 씨(12절):

   (2) _____ 에 떨어진 씨(13절):

(3) _____에 떨어진 씨(14절):

3. 네 번째는 '좋은 땅'입니다. 어떻게 하면 '좋은 땅'에서 열매를 맺는 사람이 될 수 있습니까?(15절)

   (1) _____
   (2) _____
   (3) _____

MEMO

2

은혜와 믿음

교재 읽기 《풍성한 삶의 기초》 74-80쪽
강의 듣기 〈2-A〉

우리의 구원을 설명할 때 가장 많이 이야기하는 것이 '믿음'과 '은혜'입니다. 그렇지만 정작 그 믿음과 은혜를 쉽게 설명하기란 쉽지 않습니다. 믿음과 은혜는 무엇이고, 그 둘의 관계는 어떠하며, 둘 중에서 무엇이 더 중요할까요? 구원을 얻는 데 더 근본적인 영향을 끼치는 것은 믿음일까요, 아니면 은혜일까요? 이것은 우리의 구원을 이해하는 데 매우 중요한 부분입니다.

1. 사도 바울은 에베소서 2장 8-9절에서 열매 맺는 사람에 대해 좀 더 직접적으로 설명하고 있습니다. 본문은 우리가 두 가지를 통해 구원을 받았다고 설명합니다. 그 두 가지는 무엇입니까?

   여러분은 믿음을 통하여 은혜로 구원을 얻었습니다. 이것은 여러분에게서 난 것이 아니요, 하나님의 선물입니다. 행위에서 난 것이 아닙니다. 그러므로 아무도 자랑할 수 없습니다(엡 2:8-9).

   너희는 그 은혜에 의하여 믿음으로 말미암아 구원을 받았으니 이것은 너희에게서 난 것이 아니요 하나님의 선물이라. 행위에서 난 것이 아니니 이는 누구든지 자랑하지 못하게 함이라(엡 2:8-9).

(1) _____로
(2) _____을 통하여

2. '은혜'와 '믿음' 각각의 의미는 무엇입니까? 우리가 구원을 얻은 것은 믿음 때문입니까, 은혜 때문입니까? (참고. 엡 1:7; 2:5)

_____
_____

3. 말씀을 듣고서 '굳세게 간직하고' 또한 '견뎌내야' 한다는 의미는 믿음으로 얻은 당신의 구원이 일회적 사건이 아니라 어떠하다고 설명해줍니까?

_____
_____

함께 이야기 나누기 (10분)

- 흔히 사람들이 말하는 '믿음이 좋다'는 말과 에베소서 2장 8-9절에서 이야기하는 믿음은 어떤 차이가 있다고 생각합니까?

- 당신의 마음 상태는 네 가지 밭 중에서 어떤 밭일 때가 많습니까? 특별히 하나님이 당신의 마음에 뿌려주신 씨앗 곧 은혜가 당신의 삶과 인격에서 결실을 맺기 위해 필요한 것은 무엇이라고 생각합니까?

3
성경이 가르치는 믿음

교재 읽기 《풍성한 삶의 기초》 81–87쪽
강의 듣기 〈2–B〉

'믿음'이라는 단어는 세상에서도 참 많이 쓰는 단어입니다. 그래서 적지 않은 오해가 있습니다. 특히 샤머니즘이 큰 영향을 미치고 있는 한국 사회에서는 더욱 많습니다. 이런 상황은 믿음에 대한 오해를 걷어내고 성경이 말하는 믿음의 참 의미가 무엇인지 알아야 할 필요성과 함께 그리스도인들이 더욱 분별력을 가질 것을 요청하게 됩니다.

1. 히브리서 11장 6절은 성경이 가르치는 믿음에 대해 어떻게 말합니까? 우리가 믿어야 하는 두 가지는 무엇이며, 그 의미는 무엇입니까?

    (1) _____

    (2) 하나님은 자기를 찾는 자에게 _____ 주시는 이

믿음이 없이는 하나님을 기쁘게 해드릴 수 없습니다. 하나님께 나아가는 사람은, 하나님이 계시다는 것과, 하나님은 자기를 찾는 사람들에게 상을 주시는 분이시라는 것을 믿어야 합니다(히 11:6).	믿음이 없이는 하나님을 기쁘시게 하지 못하나니 하나님께 나아가는 자는 반드시 그가 계신 것과 또한 그가 자기를 찾는 자들에게 상 주시는 이심을 믿어야 할지니라(히 11:6).

두 번째 만남

2. 잘못된 믿음에는 어떤 것들이 있습니까? 특별히 한국 그리스도인들이 갖고 있는 잘못된 신앙관은 무엇입니까?

MEMO

4

믿음으로 사는 삶의 원리

교재 읽기 《풍성한 삶의 기초》 88–98쪽
강의 듣기 〈2–B〉

하나님은 눈에 보이지도 않고, 그분이 행하신 일도 눈에 보이지 않습니다. 그렇다면 하나님과 그분이 행하신 일을 믿고, 그런 믿음으로 세상을 살기 위해 무엇을 해야 할까요? 먼저, 성경에서 이야기하는 바를 잘 이해하는 것이 중요합니다. 성경이 아니고서는 하나님이 하신 일, 지금 하고 계신 일, 앞으로 하실 일을 제대로 알 수 없기 때문입니다.

1. 고린도후서 5장 7절에서는 그리스도인이 추구하는 삶의 원리를 어떻게 말합니까? 또 그 의미는 무엇입니까?

> 우리는 믿음으로 살아가지, 보는 것으로 살아가지 아니합니다(고후 5:7).

> 이는 우리가 믿음으로 행하고 보는 것으로 행하지 아니함이로라(고후 5:7).

* 잘못된 원리:

* 바른 원리:

2. 믿음과 느낌은 어떤 관계입니까? 3F 기차의 의미를 설명해보십시오.

FACT 사실   FAITH 믿음   FEELING 느낌

_____
_____
_____

3. '믿음'은 하나님이 하신 일과 하실 일을 받아들이는 것입니다. 이것은 다음과 같이 세 가지로 표현할 수 있습니다.

   (1) _____ 앞에서 _____ 하는 것
   (2) _____ 에게 _____ 하는 것
   (3) 하나님이 주신 놀라운 _____ 을 _____ 것

   함께 이야기 나누기 (10분)

   • 당신은 당신 자신과 하나님, 그리고 하나님이 행하신 일을 바라볼 때, 믿음의 시각으로 보십니까? 아니면 경험의 시각으로 보십니까?

   • 하나님이 당신을 위하여 하신 일 중 믿음으로 받아들이고 스스로에게 주장해야 할 것은 무엇입니까?

성경적 믿음의 원리

함께 기도합시다 (5분)

"하나님, 하나님이 저에게 하신 놀라운 일들을 깨닫고 보게 해주십시오. 그것을 주장하게 해주십시오. 그것이 내 것이 되게 해주십시오. 하나님이 원래 의도하신 것을 이루십시오. 그래서 제가 하나님이 계획하신 그 풍성한 삶을 누리게 해주십시오."

MEMO

과제물

1. 에베소서 2장 8-9절을 암송해서 아래에 적고 틀린 부분을 고치십시오.

2. 아침에 일어나면 제일 먼저 다음 말을 되뇝니다. 하나님 앞에서 믿음을 주장하는 것은 중요합니다.

    "하나님은 그리스도 안에서 나를 받으셨습니다."
    "나는 그리스도 안에서 특별한 존재입니다."
    "나는 그리스도 안에서 새로운 가족 공동체에 속했습니다."

3. 에베소서 2장 1-10절, 로마서 5장 1-11절을 가능한 여러 번 읽고 묵상하십시오. 묵상하면서 깨달은 부분, 특히 우리가 하나님 앞에서, 자신에게 주장해야 할 '예수님이 이루신 일과 이루실 일'은 무엇인지 아래에 적어봅시다. 필요하다면 다른 종이를 사용해도 좋습니다.

도움이 되는 자료

《순전한 기독교》(C. S. 루이스, 홍성사)
《교회 안의 거짓말》(김형국, 비아토르) 1-3장
《신뢰》(브래넌 매닝, 복있는사람)

MEMO

| II부 |

그리스도를 통한 하나님과의 인격적인 관계

Personal Relationship with God through Christ

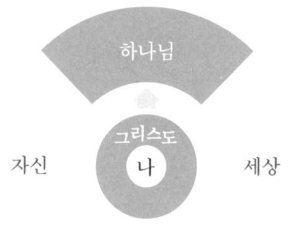

공동체

세 번째 만남 · 하나님 알아가기
네 번째 만남 · 하나님 사랑하기

| 세 번째 만남 |

하나님 알아가기

하나님과 우리의 관계는 장신구가 아니라 우리의 본질입니다. 본질적으로 중요한 하나님과의 관계가 깨져 있음을 알 때, 그리고 우리가 얼마나 심각한 곤경에 빠져 있는지 절감할 때, 우리를 구원하신 하나님의 은혜에 감읍하게 됩니다. 이제 예수님 때문에 담대하게 하나님 아버지 앞에 나아갈 수 있게 된 우리는 그분을 더 인격적으로 알아가야 합니다. 하나님 '아버지'를 알아가는 것은 자녀로서 누리는 가장 큰 특권이기도 합니다. 그리고 우리는 성경을 통해서 하나님이 어떤 분인지 알 수 있습니다. 이때, 성경 말씀을 통해 하나님을 알아가는 여러 방법은 그리스도인들에게 부과된 의무가 아니라 영적 특권이라는 것을 기억해야 합니다.

함께 시작하면서(10분)

- 에베소서 2장 8-9절을 암송해봅시다.

- 아침마다 다음과 같이 하나님 앞에서 주장하셨습니까? 그렇게 하나님 앞에서 선언할 때 무엇을 느꼈습니까?
  "하나님이 그리스도 안에서 나를 받아들이셨습니다."
  "나는 그리스도 안에서 특별한 존재입니다."
  "나는 그리스도 안에서 새로운 가족 공동체에 속했습니다."

- 《풍성한 삶의 기초》 84쪽의 글을 다시 읽어보고, 성경적 믿음이 무엇인지, 성경적 믿음과 미신, 광신, 맹신이 어떻게 다른지 이야기를 나누어봅시다.

1

그리스도 안에 속하기 전의 우리

교재 읽기 《풍성한 삶의 기초》 102–110쪽
강의 듣기 〈3–A〉

많은 그리스도인이 구원의 기쁨을 잃어버린 이유는, 과거에 자기가 어떤 존재였는지 잊어버리기 때문입니다. 보육원에 들어와서 행복하게 살다 보니 옛날에 부모 없이 힘들게 지냈던 그 고통스런 현실을 잊게 되는 것과 같습니다. 그리스도인은 하나님의 진노 아래에 있다는 것이 얼마나 끔찍한 일인지, 하나님 없이 산다는 것이 얼마나 심각한 소외인지를 직면하고 절감해야 합니다.

1. 우리 사회는 부모의 책임보다는 자녀의 책임을 더 강조하는 문화입니다. 그러나 자녀가 되었기 때문에 누려야 할 권리가 있다는 생각을 해보았습니까? 좋은 부모 아래에서라면 누릴 수 있는 자녀의 특권에는 어떤 것이 있을까요?

앞에서 열거한 권리 중에서 가장 중요하다고 생각되는 것은 무엇입니까?

_____
_____

2. 우리가 그리스도 안에서 어떻게 새로워졌는지, 얼마나 놀랍게 변화되었는지를 이야기하기에 앞서서, 그 전에 우리 상태가 어떠했는지를 반드시 알아야 합니다. 성경은 우리가 어떤 상태였다고 이야기합니까?

아들을 믿는 사람에게는 영생이 있다. 아들에게 순종하지 않는 사람은 생명을 얻지 못하고, 도리어 하나님의 진노를 산다(요 3:36).	아들을 믿는 자에게는 영생이 있고 아들에게 순종하지 아니하는 자는 영생을 보지 못하고 도리어 하나님의 진노가 그 위에 머물러 있느니라(요 3:36).
여러분도 전에는 허물과 죄로 죽었던 사람들입니다. 그때에 여러분은 허물과 죄 가운데서, 이 세상의 풍조를 따라 살고, 공중의 권세를 잡은 통치자, 곧 지금 불순종의 자식들 가운데서 작용하는 영을 따라 살았습니다. 우리도 모두 전에는, 그들 가운데에서 육신의 정욕대로 살고, 육신과 마음이 원하는 대로 행했으며, 나머지 사람들과 마찬가지로 날 때부터 진노의 자식이었습니다(엡 2:1-3).	그는 허물과 죄로 죽었던 너희를 살리셨도다. 그때에 너희는 그 가운데서 행하여 이 세상 풍조를 따르고 공중의 권세 잡은 자를 따랐으니 곧 지금 불순종의 아들들 가운데서 역사하는 영이라. 전에는 우리도 다 그 가운데서 우리 육체의 욕심을 따라 지내며 육체와 마음의 원하는 것을 하여 다른 이들과 같이 본질상 진노의 자녀이었더니(엡 2:1-3).

(1) 하나님이 진노하시는 이유(요 3:36)

_____
_____

(2) 하나님의 심판 아래 있는 모습(엡 2:2-3)

3. 하나님과의 관계가 이렇게 깨져 있을 때 우리는 그분을 어떻게 느끼게 됩니까? 또, 그 원인은 무엇입니까?

> 오직, 너희 죄악이 너희와 너희의 하나님 사이를 갈라놓았고, 너희의 죄 때문에 주님께서 너희에게서 얼굴을 돌리셔서, 너희의 말을 듣지 않으실 뿐이다(사 59:2).

> 오직 너희 죄악이 너희와 너희 하나님 사이를 갈라놓았고 너희 죄가 그 얼굴을 가리어서 너희를 듣지 않으시게 함이니라(사 59:2).

4. 많은 그리스도인들에게 구원의 감격이 별로 없습니다. 감사와 기쁨이 없습니다. 그 이유가 무엇일까요?

2
그리스도 안에서 얻은 하나님과의 새로운 관계

교재 읽기 《풍성한 삶의 기초》 111–120쪽
강의 듣기 〈3–A〉

원수 관계였다가 화해하는 것이 얼마나 큰 기쁨인지 모릅니다. 서로 사랑하던 사람들이 관계가 틀어졌다가 다시 화해하는 경우를 보셨습니까? 부부 관계가 완전히 깨져서 이혼 직전까지 갔다가, 두 사람이 점점 더 자신의 한계를 인정하고 서로 이해하고 화해하는 모습은 너무나 아름답습니다. 하나님과 우리의 화해 과정을 통해 그보다 더 아름다운 모습을 확인해보겠습니다.

1. 우리가 예수님을 영접하여 그리스도 안에 있게 된 다음, 우리와 하나님의 관계는 어떻게 변했습니까?

우리가 하나님의 원수일 때에도 하나님의 아들의 죽으심으로 말미암아 하나님과 화해하게 되었다면, 화해한 우리가 하나님의 생명으로 구원을 얻으리라는 것은 더욱더 확실한 일입니다. 그뿐만 아니라, 우리는 또한 우리 주 예수 그리스도로 말미암아 하나님을 자랑합니다. 우리는 지금 그로 곧 우리가 원수 되었을 때에 그의 아들의 죽으심으로 말미암아 하나님과 화목하게 되었은즉 화목하게 된 자로서는 더욱 그의 살아나심으로 말미암아 구원을 받을 것이니라. 그뿐 아니라 이제 우리로 화목하게 하신 우리 주 예수 그리스도로 말미암아 하나님 안에서 또한 즐거워하느니라(롬

말미암아 하나님과 화해를 하게 된 것입니다(롬 5:10-11).

2. 이제 예수 그리스도 안에 있게 된 우리 그리스도인들은 하나님 앞에서 어떠한 마음을 가질 수 있습니까?

죄와 불법이 용서되었으니, 죄를 사하는 제사가 더 이상 필요 없습니다. 그러므로 형제자매 여러분, 우리는 예수의 피를 힘입어서 담대하게 지성소에 들어가게 되었습니다(히 10:18-19).	이것들을 사하셨은즉 다시 죄를 위하여 제사 드릴 것이 없느니라. 그러므로 형제들아 우리가 예수의 피를 힘입어 성소에 들어갈 담력을 얻었나니(히 10:18-19).
사랑에는 두려움이 없습니다. 완전한 사랑은 두려움을 내쫓습니다. 두려움은 징벌과 관련이 있습니다. 두려워하는 사람은 아직 사랑을 완성하지 못한 사람입니다(요일 4:18).	사랑 안에 두려움이 없고 온전한 사랑이 두려움을 내쫓나니 두려움에는 형벌이 있음이라 두려워하는 자는 사랑 안에서 온전히 이루지 못하였느니라(요일 4:18).

3. 그렇다면 죄를 지을 때 우리는 어떻게 회개를 해야 합니까?

4. 시편 기자는 시편 131편 2절에서 하나님과 화해한 그리스도인의 영적 상태를 어떻게 표현하고 있습니까?

> 오히려, 내 마음은 고요하고 평온합니다. 젖 뗀 아이가 어머니 품에 안겨 있듯이, 내 영혼도 젖뗀 아이와 같습니다(시 131:2).

> 실로 내가 내 영혼으로 고요하고 평온하게 하기를 젖 뗀 아이가 그의 어머니 품에 있음 같게 하였나니 내 영혼이 젖 뗀 아이와 같도다(시 131:2).

함께 이야기 나누기 (10분)

- 내가 하나님의 원수였고, 하나님의 진노의 대상이었다는 사실을 이해하고 있습니까? 이것은 단 한 번 이해하고 마는 것이 아니라, 그리스도인으로 사는 시점부터 평생, 자신의 죄성과 죄악을 발견하면서, 내가 어떤 존재였는지를 알아가는 것입니다. 다음 문장을 함께 읽고, 그 의미에 대하여 이야기 나누어봅시다.

> "자신이 하나님의 원수였다는 사실, 죄인이었다는 사실을 깊이 자각할수록 하나님의 은혜가 깊어집니다."

- 예수님이 우리가 지불해야 할 대가를 완전히 지불하셨으므로, 우리는 하나님을 즐거워하고 있습니까? 그렇지 않다면, 그 이유는 무엇이라고 생각하십니까?

3
자녀의 특권을 누리게 하는 보고: 성경

교재 읽기 《풍성한 삶의 기초》 121-129쪽
강의 듣기 〈3-B〉

그리스도인들의 모습은 젖 땐 아이가 어미 품에 안긴 것과 같습니다. 그렇다면 이렇게 어미 품에 안겨서 무엇을 배울까요? 제일 먼저 어머니와 아버지를 알아가기 시작합니다. 자녀로서 누리는 가장 큰 특권은 부모를 알아가는 것입니다. 우리는 성경을 통해 아버지 하나님이 어떤 분인지, 우리를 얼마나 사랑하시는지, 우리가 어떻게 살기를 원하시는지 알 수 있습니다.

1. 하나님의 자녀로서 아버지인 하나님을 알아가는 일은 우리에게 가장 큰 축복입니다. 그런데 사람들은 하나님을 인격적으로 바로 알아가기 이전에 하나님에 대한 선입관을 가지고 있습니다. 당신은 하나님 아버지라고 하면 어떤 이미지가 떠오릅니까?

---

2. 당신에게 있는 하나님에 대한 선입관은 반드시 하나님에 대한 올바른 지식으로 바로잡혀야 합니다. 하나님에 대한 바른 지식은 성경에서 얻을 수 있습니다.

   (1) 성경은 어떤 책입니까?

   _____
   _____

   (2) 히브리서 1장 1-2절은 하나님이 우리에게 어떻게 소통하신다고 말해줍니까?

   > 하나님께서 옛날에는 예언자들을 통하여, 여러 번에 걸쳐 여러 가지 방법으로 우리 조상들에게 말씀하셨으나, 이 마지막 날에는 아들을 통하여 우리에게 말씀하셨습니다. 하나님께서는 이 아들을 만물의 상속자로 세우셨습니다. 그를 통하여 온 세상을 지으신 것입니다(히 1:1-2).

   > 옛적에 선지자들을 통하여 여러 부분과 여러 모양으로 우리 조상들에게 말씀하신 하나님이 이 모든 날 마지막에는 아들을 통하여 우리에게 말씀하셨으니 이 아들을 만유의 상속자로 세우시고 또 그로 말미암아 모든 세계를 지으셨느니라(히 1:1-2).

   _____
   _____

   (3) 성경의 내용

   * 사복음서: 예수님에 대한 _____

   * 서신서: 예수님을 주로 받아들인 사람들이 _____

   * 구약: 예수님을 _____

   * 예언서와 계시록: _____ 예수님

3. 성경은 하나님이 어떤 분이신지에 대해서만 알려주는 것이 아니라, 하나님이 그리스도인들에게 하시는 말씀이 무엇인지도 알려주고 있습니다. 히브리서 4장 12절은 이러한 하나님의 말씀에 어떤 특성이 있다고 말합니까?

> 하나님의 말씀은 살아 있고 힘이 있어서, 어떤 양날 칼보다도 더 날카롭습니다. 그래서 사람 속을 꿰뚫어 혼과 영을 갈라내고, 관절과 골수를 갈라놓기까지 하며, 마음에 품은 생각과 의도를 밝혀냅니다(히 4:12).

> 하나님의 말씀은 살아 있고 활력이 있어 좌우에 날선 어떤 검보다도 예리하여 혼과 영과 및 관절과 골수를 찔러 쪼개기까지 하며 또 마음의 생각과 뜻을 판단하나니 (히 4:12).

또 성경을 읽을 때 우리의 자세는 어떠해야 합니까?

MEMO

4
말씀으로 자녀의 특권 누리기

교재 읽기 《풍성한 삶의 기초》 130-139쪽
강의 듣기 ⟨3-B⟩

하나님의 말씀 없이는 그분을 알아가는 '특권'을 누릴 수가 없는데, 많은 그리스도인들은 그렇게 배우질 못했습니다. '의무'로만 배웠기 때문입니다. 우리는 입시를 위해서 공부하고 성적으로 평가를 받았기 때문에 성경을 대할 때도 마치 입시 공부와 같은 부담을 느끼게 됩니다. 이제 성경을 공부하는 재미와 이것을 최대한 누릴 수 있는 방법을 배워보고자 합니다.

1. 디모데후서 3장 16-17절은 하나님의 말씀에 어떤 기능이 있다고 말합니까?

> 모든 성경은 하나님의 영감으로 된 것으로서 교훈과 책망과 바르게 함과 의로 교육하기에 유익합니다. 성경은 하나님의 사람을 유능하게 하고, 그에게 온갖 선한 일을 할 수 있게 하는 것입니다(딤후 3:16-17).

> 모든 성경은 하나님의 감동으로 된 것으로 교훈과 책망과 바르게 함과 의로 교육하기에 유익하니 이는 하나님의 사람으로 온전하게 하며 모든 선한 일을 행할 능력을 갖추게 하려 함이라(딤후 3:16-17).

(1) _____
걸어야 할 길을 보여줌

(4) _____
지속적으로 그 길을
걷는 방법을 보여줌

(3) _____
바른 길로 돌아가는
방법을 보여줌

(2) _____
어디서 길을 벗어났는가를
보여줌

이러한 하나님의 말씀은 어떤 결과를 가져옵니까?

_____

_____

_____

2. 하나님의 말씀을 누릴 수 있는 다섯 가지 방법은 무엇입니까?

(1) _____
(2) _____
(3) _____
(4) _____
(5) _____

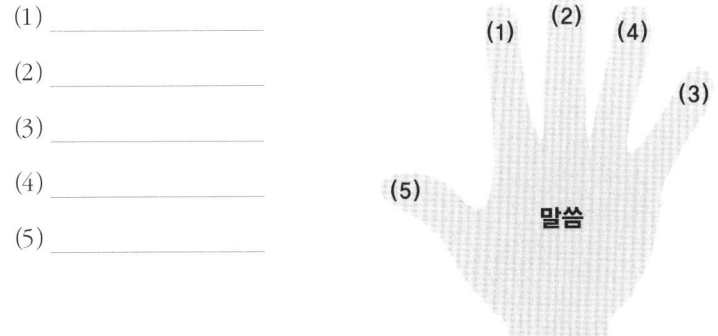

하나님 알아가기

3. 성경 말씀을 알아가는 여러 방법은 그리스도인들에게 부과된 의무가 아닙니다. 이것은 우리가 하나님을 알아가고 하나님이 가지고 계신 일반적인 뜻과 개인을 향하신 특별한 뜻을 알아가는 우리의 영적 보고입니다. 당신이 말씀을 특권이 아니라 의무로 대하고 있다면 그 이유는 무엇입니까?

함께 이야기 나누기 (10분)

- 하나님의 말씀을 누리는 방법 중에서 당신에게 요즈음 가장 적합한 방법은 무엇입니까? 특별히, 가장 기초가 될 수 있는 성경 말씀 듣기를 어떻게 활용하고 있습니까?

- 꾸준한 성경 읽기는 그리스도인에게 반드시 필요한 습관입니다. 성경을 읽고 묵상하는 습관을 어떻게 기를 수 있을까요? 하루에 10분 정도 성경 읽는 습관을 기르기 위해서 어떤 계획을 세우시겠습니까?

함께 기도합시다 (5분)

"성경을 통해 우리에게 말씀하시는 하나님께 감사합니다. 우리가 이 성경을 누리는 자 될 수 있도록 도와주십시오. 또 성경 읽기를 통해 꾸준히 말씀을 깨달으려고 노력할 때마다 성경의 저자이신 성령께서 우리 각 사람에게 가르쳐주셔서 우리 아버지 하나님이 어떤 분이신지 평생 알아갈 수 있도록 축복해주십시오."

과제물

1. 히브리서 4장 12절을 암송하고 아래에 적어봅시다. 틀린 부분은 다른 색으로 표시하십시오.

2. 아침마다 '그리스도 안에서 이루어진 세 가지 일'을 주장하면서 하루를 시작하십시오.

3. 다음 만남까지 '말씀 듣기'를 어떻게 적용했는지 생각해옵시다.
   - 지난 주 설교 요지:

   - 당신은 어떻게 적용했습니까?

4. 다음 만날 때까지 매일 성경 어느 부분을 읽었는지 아래 칸에 써서 가져옵시다.

   _____ 일(　　요일): _____
   _____ 일(　　요일): _____
   _____ 일(　　요일): _____
   _____ 일(　　요일): _____
   _____ 일(　　요일): _____
   _____ 일(　　요일): _____
   _____ 일(　　요일): _____

도움이 되는 자료

《하나님을 아는 지식》(J. I. 패커, IVP)
《성경연구 입문》(존 스토트, 성서유니온)
《풍성한 삶의 첫걸음》(김형국, 비아토르)
《성경의 권위》(존 스토트, IVP) *

MEMO

| 네 번째 만남 |

하나님 사랑하기

하나님에 대해 알면 알수록 그분에 대한 감탄과 감사와 감격이 점점 더 깊어집니다. 어떤 사람들은 하나님을 느끼게 되면 그때 가서 믿겠다고 하는데, 그것은 순서가 잘못되었습니다. 하나님을 모르는데 어떻게 하나님을 느낄 수 있겠습니까? 그림을 모르는데 어떻게 그림을 느끼겠습니까? 그림에 대해 공부하면 그 그림을 느끼고 누릴 수 있는 것처럼, 하나님에 대해서도 마찬가지입니다. 그분을 인격적으로 알아갈 때 그분을 경험하고 느끼고 감격하고 감탄합니다. 그리고 몰입하게 됩니다. 예배란 하나님이 어떤 분인지, 또 그분이 하신 일이 무엇인지 알아가면서 그분에 대해서 감탄하는 것, 그분에게 몰입하는 것입니다.

함께 시작하면서 (10분)

- 히브리서 4장 12절을 암송해봅시다.
- 지난주에 설교를 들을 때 '말씀 듣기'를 시도해보셨습니까? 어떠한 유익이 있었습니까?

- 성경을 꾸준히 읽는 것은 영적인 기초 체력을 쌓는 것입니다. 이것은 하나님의 자녀들이 누리는 특권이기도 합니다. 이런 특권을 좋은 습관으로 정착시키기 위해 지난 주 동안 어떻게 성경을 읽었습니까?

- 지난 주간 성경을 읽으면서 하나님에 대해서 새롭게 깨달은 면이나, 당신에게 주시는 교훈을 얻은 것이 있다면 무엇이었습니까?

1

사랑으로
드리는 예배

교재 읽기 《풍성한 삶의 기초》 142–154쪽
강의 듣기 〈4–A〉

살아 있는 예배는 하나님을 사모하는 것입니다. 하나님을 더 알고 싶어 하는 것입니다. 그래서 성경에는 그분의 얼굴을 구한다는 표현, 그분의 영광을 구한다는 표현이 많이 나옵니다. 그분의 임재와 영광을 구하는 예배는 한도 끝도 없이 깊습니다. 예술의 세계도 깊이가 있다고 하지만, 하나님을 알고 사랑하고 예배하는 것은 예술과는 비교가 되지 않을 정도로 깊이가 있습니다.

1. 하나님이 어떤 분인지 알게 되면 그분에게 인격적으로 반응하기 시작합니다. 살아 계신 하나님께 인격적으로 반응하는 초대 그리스도인들을 베드로는 어떻게 표현했습니까? (벧전 1:8-9)

> 여러분은 그리스도를 본 일이 없으면서도 사랑하며, 지금 그를 보지 못하면서도 믿으며, 말로 다 표현할 수 없는 즐거움과 영광을 누리면서 기뻐하고 있습니다. 여러분은 믿음의 목표 곧 여러분의 영혼의 구원을 받고 있는 것입니다(벧전 1:8-9).

> 예수를 너희가 보지 못하였으나 사랑하는도다. 이제도 보지 못하나 믿고 말할 수 없는 영광스러운 즐거움으로 기뻐하니 믿음의 결국 곧 영혼의 구원을 받음이라(벧전 1:8-9).

2. 하나님을 기뻐하고 즐거워하는 이런 예배가 어떻게 가능할까요? 요한 일서에서는 이 예배가 어떻게 가능하다고 말합니까? (요일 3:1)

아버지께서 우리에게 얼마나 큰 사랑을 베푸셨는지를 생각해 보십시오. 하나님께서 우리를 자기의 자녀라 일컬어 주셨으니 우리는 하나님의 자녀입니다. 세상이 우리를 알지 못하는 까닭은 하나님을 알지 못하기 때문입니다(요일 3:1).

보라, 아버지께서 어떠한 사랑을 우리에게 베푸사 하나님의 자녀라 일컬음을 받게 하셨는가, 우리가 그러하도다. 그러므로 세상이 우리를 알지 못함은 그를 알지 못함이라(요일 3:1).

3. 예배 속으로 들어가면, 우리로 진정한 예배, 정말 살아 있는 예배를 가능하게 하는 중요한 두 기둥이 있습니다. 그것은 무엇입니까? (요 4:24)

하나님은 영이시다. 그러므로 하나님께 예배를 드리는 사람은 영과 진리로 예배를 드려야 한다(요 4:24).

하나님은 영이시니 예배하는 자가 영과 진리로 예배할지니라(요 4:24).

4. 그렇다면 예배의 축복은 무엇입니까? 그 축복을 히브리서 4장 16절에서는 어떻게 이야기합니까?

> 그러므로 우리는 담대하게 은혜의 보좌로 나아갑시다. 그리하여 우리가 자비를 받고 은혜를 입어서, 제때에 주시는 도움을 받도록 합시다(히 4:16).

> 그러므로 우리는 긍휼하심을 받고 때를 따라 돕는 은혜를 얻기 위하여 은혜의 보좌 앞에 담대히 나아갈 것이니라(히 4:16).

MEMO

2
세 가지 형태의 예배

교재 읽기 《풍성한 삶의 기초》 155–162쪽
강의 듣기 〈4-A〉

하나님나라 백성의 삶에서 가장 중요한 특권이 예배라는 것을 배웠습니다. 하나님나라의 주인이시며 중심이신 하나님은 예배를 통해서 우리의 사랑을 받으십니다. 예배하는 우리는 그 하나님으로부터 생명과 사랑과 평화와 지혜를 얻어 누립니다. 이렇게 예배가 우리 삶 가운데 살아 있을 때, 우리는 '풍성한 삶'을 누리게 됩니다. 풍성한 삶은 살아 있는 예배에서 주어지기 때문입니다.

하나님에 대한 사랑의 표현인 예배는 다양한 모습으로 우리 삶에 나타날 수 있습니다. 여기서는 기본적인 세 가지 형태를 이야기하려고 합니다.

1. 히브리서 13장 15절에는 어떤 형태가 있습니까?

그러니 우리는 예수로 말미암아 끊임없이 하나님께 찬미의 제사를 드립시다. 이것은 곧 그의 이름을 고백하는 입술의 열매입니다(히 13:15).

그러므로 우리는 예수로 말미암아 항상 찬송의 제사를 하나님께 드리자 이는 그 이름을 증언하는 입술의 열매니라(히 13:15).

2. 골로새서 3장 16절은 어떤 예배를 묘사합니까?

> 그리스도의 말씀이 여러분 가운데 풍성히 살아 있게 하십시오. 온갖 지혜로 서로 가르치고 권고하십시오. 감사한 마음으로 시와 찬미와 신령한 노래로 여러분의 하나님께 마음을 다하여 찬양하십시오.(골 3:16).

> 그리스도의 말씀이 너희 속에 풍성히 거하여 모든 지혜로 피차 가르치며 권면하고 시와 찬송과 신령한 노래를 부르며 감사하는 마음으로 하나님을 찬양하고(골 3:16).

3. 로마서 12장 1절은 어떤 형태의 예배를 말합니까?

> 형제자매 여러분, 그러므로 나는 하나님의 자비하심을 힘입어 여러분에게 권합니다. 여러분의 몸을 하나님께서 기뻐하실 거룩한 산 제물로 드리십시오. 이것이 여러분이 드릴 합당한 예배입니다(롬 12:1).

> 그러므로 형제들아 내가 하나님의 모든 자비하심으로 너희를 권하노니 너희 몸을 하나님이 기뻐하시는 거룩한 산 제물로 드리라 이는 너희가 드릴 영적 예배니라(롬 12:1).

함께 이야기 나누기 (10분)

- 하나님을 새롭게 알게 되어서 그분께 사랑과 감탄을 표현해본 적이 최근에 있습니까? 있었다면, 어떤 내용이었나요?

- 조용하고 엄숙하게 예배하는 것과 열광적으로 예배하는 것이 어떤 면에서 각각 우리에게 유익합니까? 또 당신은 어떤 부분을 더 배우고 누릴 수 있을까요?

- 우리 일상에서 하나님을 사랑하는 특권인 예배를 어떻게 누릴 수 있을까요?

MEMO

3
사랑으로 드리는 기도

교재 읽기 《풍성한 삶의 기초》 163–174쪽
강의 듣기 〈4–B〉

하나님을 알아가고, 그 지식에 따라 하나님을 사랑하고, 하나님 아버지께 자녀로서 이야기하는 축복을 누리는 것, 이것이 기도입니다. 우리는 이러한 기도를 통해 하나님을 더욱 사랑하게 되며, 나아가 하나님과의 깊은 인격적 신뢰 관계로 나아가게 되고, 종국에는 하나님과 깊은 우정을 누린다고까지 고백할 수 있게 합니다. 그리고 그런 기도는 우리를 성장시킵니다.

1. 빌립보서 4장 6-7절은 기도할 때의 자세와 축복에 대해 무엇을 가르쳐 줍니까?

아무것도 염려하지 말고, 모든 일을 오직 기도와 간구로 하고, 여러분이 바라는 것을 감사하는 마음으로 하나님께 아뢰십시오. 그리하면 사람의 헤아림을 뛰어넘는 하나님의 평화가 여러분의 마음과 생각을 그리스도 예수 안에서 지켜줄 것입니다(빌 4:6-7).

아무것도 염려하지 말고 다만 모든 일에 기도와 간구로, 너희 구할 것을 감사함으로 하나님께 아뢰라. 그리하면 모든 지각에 뛰어난 하나님의 평강이 그리스도 예수 안에서 너희 마음과 생각을 지키시리라(빌 4:6-7).

2. 하지만 오늘날 우리는 기도를 오해하는 경우가 있습니다. 이런 오해들에는 어떤 것이 있습니까?
   (1) 기도를 통해서 하나님의 _____을 끌어낸다는 것
   (2) _____ 기도
   (3) 하나님을 _____ 하는 기도
   (4) _____ 기도

3. 하나님은 그분의 사랑을 의지해서 드리는 건강한 기도를 기뻐하십니다. 이와 같은 인격적인 기도는 어떻게 드리는 기도일까요?

   _____
   _____
   _____
   _____

> 기도는 하나님께 우리가 인격적으로 나아가 우리의 사정을 아뢰고,
> 하나님의 은혜를 구하는 것입니다. 우리가 어릴수록, 또 세상에 속하였을수록
> 하나님의 뜻에 맞는 기도보다는 자신의 욕심대로 기도합니다.
> 그러나 하나님을 알아가면서 하는 기도는 점점 우리를 성숙한 기도로 이끌고,
> 그리하여 주님께서 말씀하신 "먼저 그의 나라와 의"를 구하는 기도로
> 나아가게 됩니다(마 6:33).

4
사랑으로 드리는 순종

교재 읽기 《풍성한 삶의 기초》 175–183쪽
강의 듣기 〈4-B〉

하나님을 진정으로 사랑하게 되면, 그분의 주된 관심사가 무엇인지 알게 되고, 그 일에 자신도 참여하고 싶은 마음이 간절해집니다. 하나님에 대한 사랑은 예배나 찬양 시간에 입술로 고백하는 것으로 끝나지 않습니다. 하나님의 사랑을 받고 그분을 진정으로 사랑하는 사람은 필연적으로 다음 단계로 나아가게 됩니다. 그 자리는 순종의 자리입니다.

1. 우리는 예배와 기도를 통해 하나님께 우리의 사랑을 표현하는데, 요한복음 14장 21절에서는 하나님을 정말 사랑하는 사람들에게 나타나는 특징을 무엇이라고 이야기합니까?

   | 내 계명을 받아서 지키는 사람은 나를 사랑하는 사람이요, 나를 사랑하는 사람은 내 아버지의 사랑을 받을 것이다. 그리고 나도 그 사람을 사랑하여, 그에게 나를 드러낼 것이다(요 14:21). | 나의 계명을 지키는 자라야 나를 사랑하는 자니 나를 사랑하는 자는 내 아버지께 사랑을 받을 것이요 나도 그를 사랑하여 그에게 나를 나타내리라(요 14:21). |

2. 진정으로 하나님의 계명을 순종하고 나아가려 할 때 우리에게 가장 큰 방해가 되는 것이 있습니다. 마태복음 6장 24절은 그 방해물이 무엇이라고 말합니까?

> 아무도 두 주인을 섬기지 못한다. 한쪽을 미워하고 다른 쪽을 사랑하거나, 한쪽을 중히 여기고 다른 쪽을 업신여길 것이다. 너희는 하나님과 재물을 아울러 섬길 수 없다(마 6:24).

> 한 사람이 두 주인을 섬기지 못할 것이니 혹 이를 미워하고 저를 사랑하거나 혹 이를 중히 여기고 저를 경히 여김이라. 너희가 하나님과 재물을 겸하여 섬기지 못하느니라(마 6:24).

3. 주님을 사랑하고 순종하려 할 때 우리에게 필요한 것은 무엇입니까? 그것은 우리의 _____ 속에서, 하나님을 나의 주인으로 모시고 하나님만 사랑하고 의지하겠다고 선언하는 것입니다. 이를 위한 '10-10-10' 훈련의 내용은 무엇입니까?

"성경과 관련된 다섯 가지 활동과 예배, 기도, 순종은
하나님의 사랑을 얻기 위한 방법이 아니라
하나님의 사랑에 우리가 보이는 반응입니다.
하나님을 알아가고 하나님을 사랑하는 우리의 특권입니다."

함께 이야기 나누기 (10분)

- 지금까지는 기도할 때 어떤 자세로 기도했습니까? 우리의 자세가 바뀌면서 우리의 기도 내용도 바뀔 수 있을까요?

- 하나님을 사랑한다면, 그분의 뜻을 행하는 것보다 더 중요한 일은 없다고 배웠습니다. 이번 만남을 통해 우리가 순종해야 할 부분은 무엇일까요? 더 나아가 당장 행동으로 옮겨야 할 부분은 무엇이 있을까요?

- 우리 일상에서 하나님을 사랑하는 특권인 예배를 어떻게 누릴 수 있을까요?

함께 기도합시다 (5분)

"하나님의 자녀로서 누릴 수 있는 특권을 온전히 누릴 수 있게 해주십시오. 우리 삶에서 예배를 회복해주시고, 그렇게 하나님을 알아가고 찬양할 뿐 아니라 순종의 삶을 통해 우리 삶을 하나님께 온전히 드리는 삶을 살 수 있게 도와주십시오."

과제물

1. 우리는 앞에서, 하나님이 우리에게 하신 일을 믿음으로 주장하는 가장 좋은 방법 가운데 하나가 하나님의 말씀을 마음에 새기는 것이라고 이야기했습니다. 이번 주에는 히브리서 4장 16절을 암송합시다.

2. 하나님께 사랑을 표현하는 인격적인 만남을 위하여 이번 주에 특별한 시간을 내보십시오. 매일 짧은 시간이라도 규칙대로 반복하고, 우리 삶에 축복의 근원이 되는 시간으로 만드십시오. 하루를 시작하는 아침에 10분, 점심 즈음에 10분, 잠자리에 들기 전에 10분씩 '하나님을 만나는 시간'을 확보하고, 이것이 여러분의 또 다른 천성이 되도록 연습하십시오.

	아침 기도 10분	성경 읽기 10분	밤 기도 10분
일(요일)			
일(요일)			
일(요일)			
일(요일)			
일(요일)			
일(요일)			
일(요일)			

도움이 되는 자료

《리처드 포스터의 기도》(리처드 포스터, 두란노)
《풍성한 삶의 첫걸음》(김형국, 비아토르)
《한국 교회가 잃어버린 주기도문》(김형국, 죠이선교회)
《기도 걸음마》(스티븐 크로츠, IVP)
《하나님의 뜻을 알려면》(폴 리틀, IVP)*

MEMO

| III부 |

그리스도를 의지한 자기 사랑

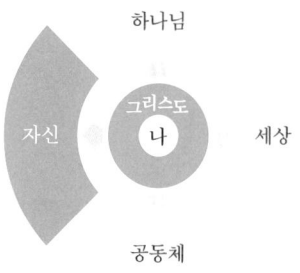

다섯 번째 만남 • 참된 자기 사랑
여섯 번째 만남 • 성령을 따라 사는 삶

| 다섯 번째 만남 |

참된
자기 사랑

그리스도인들이 성경의 가르침에서 가장 심각하게 오해하는 것 중 하나는 자기 자신에 대한 부분입니다. 스스로를 상당히 부정적으로 보고, 자신을 제대로 돌보지 않고, 조금 더 심하면 자기 혐오나 자기 학대에 빠지기도 합니다. 이것은 "누구든지 나를 따라오려거든, 자기를 부인하고, 제 십자가를 지고 따라오너라"(마 16:24)는 예수님의 말씀 때문인 것 같습니다. 여기서 '자기를 부인하고'라는 말을 오해해서 문제가 생긴 것입니다. 그래서 많은 그리스도인들이 자기 자신을 어떻게 다루어야 할지 몰라 곤혹스러워합니다. 이제 우리는 그리스도 안에 속하기 전의 자기 모습을 부인하고, 그리스도 안에 있는 자기를 긍정해야 합니다.

함께 시작하면서 (10분)

- 히브리서 4장 16절을 암송해봅시다.

- 10-10-10 훈련을 해보셨습니까? 이러한 훈련을 특권으로 느끼십니까? 아니면 아직도 의무처럼 여기십니까?

- 그리스도인은 자기를 사랑해야 합니까? 성경에서는 자기를 부인하라고 가르치는데, 자기 사랑이 가능한 것입니까? 자기를 부인하고 제 십자가를 진다는 것이 무엇을 의미한다고 생각하십니까?

1
자기 사랑의 기초:
그리스도 안에서 이루어진 일

교재 읽기 《풍성한 삶의 기초》 188-199쪽
강의 듣기 〈5-A〉

그리스도 예수 안에서 놀라운 변화를 경험한 그리스도인들은 이제 주 안에서 이루어진 놀라운 일들을 믿고 그것에 기초하여 세워지는 새로운 삶의 방식을 배워야 합니다. 하지만 우리는 여전히 죄를 짓고 열등감에 빠져 삶이 흔들리고 있습니다. 이러한 자기 자신을 어떻게 다룰지, 우리 내면의 문제를 비롯한 여러 가지 문제를 어떻게 다룰지는 중요한 주제입니다.

1. 예수님이 말씀하신 '자기 부인'을 온전히 이해하려면 예수님 안에서 우리에게 어떤 일이 일어났는지를 분명히 알아야 합니다. 예수님을 알기 전에는 우리 상태가 어떠했다고 성경은 가르칩니까? (엡 2:1-3)

¹여러분도 전에는 허물과 죄로 죽었던 사람들입니다. ²그때에 여러분은 허물과 죄 가운데서, 이 세상의 풍조를 따라 살고, 공중의 권세를 잡은 통치자, 곧 지금 불순종의 자식들 가운데서 작용하는 영을 따라 살았습니다. ³우리도 모두 전에는, 그들 가

¹그는 허물과 죄로 죽었던 너희를 살리셨도다. ²그때에 너희는 그 가운데서 행하여 이 세상 풍조를 따르고 공중의 권세 잡은 자를 따랐으니 곧 지금 불순종의 아들들 가운데서 역사하는 영이라. ³전에는 우리도 다 그 가운데서 우리 육체의 욕심을 따

운데에서 육신의 정욕대로 살고, 육신과 라 지내며 육체와 마음이 원하는 것을 하
마음이 원하는 대로 행했으며, 나머지 사 여 다른 이들과 같이 본질상 진노의 자녀
람들과 마찬가지로 날 때부터 진노의 자식 이었더니(엡 2:1-3).
이었습니다(엡 2:1-3).

(1) 영적 상태(1절): _____

(2) 삶의 주도권(2-3절): _____
_____

(3) 우리 신분(3절): _____
_____

2. 이런 우리를 위해 예수 그리스도께서 무슨 일을 하셨습니까?(엡 2:5-6)

⁵허물로 죽은 우리를 그리스도와 함께 살 ⁵허물로 죽은 우리를 그리스도 예수 안에
려주셨습니다. 여러분은 은혜로 구원을 얻 서 그리스도와 함께 살리셨고, (여러분은 은
었습니다. ⁶하나님께서 그리스도 예수 안 혜로 구원을 얻었습니다) ⁶함께 일으키셨고,
에서 우리를 그분과 함께 살리시고, 하늘 함께 하늘에 앉히셨습니다(엡 2:5-6, 저자
에 함께 앉게 하셨습니다(엡 2:5-6). 사역).

	그리스도 밖에 있던 우리들		그리스도 안에 있는 우리들	
영적 상태:	허물과 죄로 _____	(1절) ⇨	그와 함께 _____	(5절)
삶의 주도권:	세상 풍파, 공중의 권세 잡은 자			
	육신과 마음 _____ 삶	(2-3절) ⇨	그와 함께 _____	(6절)
우리 신분:	_____ 의 자식	(3절) ⇨	그와 함께 _____	(6절)

2
믿음: 자신에게 이루어진 축복 받아들이기

교재 읽기 《풍성한 삶의 기초》 200–208쪽
강의 듣기 〈5–A〉

기독교의 가장 중요한 메시지는 우리가 예수님을 믿게 되었을 때 우리가 그리스도 안에 속하게 되었고, 그 속에서 완전한 피조물이 되었다는 것입니다. 우리는 그리스도와 '함께' 이미 새 생명을 얻었고, 그리스도와 '함께' 하늘에 앉게 되었다는 것입니다. 이것을 믿음으로 받아들임으로써 우리가 구원을 얻은 것입니다. 그러므로 우리는 그리스도 밖에 있을 때 지닌 모습을 부인해야 합니다.

1. 예수를 믿을 때 우리 속에는 놀라운 변화가 일어납니다. 그렇다면 이렇게 예수를 믿을 때 우리에게 일어난 일을 경험적으로 아는 것입니까? 아니면, 이러한 사실을 어떻게 받아들여 구원을 얻게 되는 것입니까?(엡 2:8)

여러분은 믿음을 통하여 은혜로 구원을 얻었습니다. 이것은 여러분에게서 난 것이 아니요, 하나님의 선물입니다(엡 2:8).

너희는 그 은혜에 의하여 믿음으로 말미암아 구원을 받았으니 이것은 너희에게서 난 것이 아니요 하나님의 선물이라(엡 2:8).

2. 이렇게 구원을 얻었으므로 우리가 부인해야 할 것은 무엇입니까? 또 반대로 우리가 사랑해야 할 것은 어떤 모습입니까?

_____
_____
_____
_____

> "자기를 부인한다는 것은
> 그리스도와 관계없었던 때에 우리를 지배하던 것을 부인하는 것을 의미하지,
> 하나님이 우리를 만드실 때 주신 건강한 욕구와
> 그리스도 예수 안에서 주어진 특별한 가치를 부인하라는 것이 아닙니다."

함께 이야기 나누기 (10분)

- 우리가 구원이라는 선물을 받았을 때, 그 선물의 내용을 제대로 깊이 있게 알지 못하고 그저 천당에 가는 정도로 생각하는 사람들이 있습니다. 이번 만남에서 우리가 받은 구원이라는 선물이 지닌 의미 중 새롭게 깨달은 것이 있다면 무엇입니까? 특별히 우리가 그리스도 예수 안에서 얻게 된 축복과 관련하여 이야기해봅시다.

- 우리는 "아직도 제가 덜 죽어서요"라는 말을 자주 하고 듣습니다. 이렇게 말하는 것이 어떤 면에서 잘못인지 생각해보십시오.

3
변화된 신분에 걸맞은 삶으로 이끄시는 성령님

교재 읽기 《풍성한 삶의 기초》 209–218쪽
강의 듣기 〈5–B〉

우리는 그리스도 안에서 새로운 존재가 되고 새로운 신분을 갖는 것으로 끝나지 않습니다. 신분이 바뀐 것과 동시에 하나님은 우리에게 또 다른 놀라운 축복을 주시는데, 그것이 바로 성령님이십니다. 성령께서 우리 가운데 오셔서 우리를 인도하고 위로하고 가르치고, 우리에게 힘 주시고, 우리를 놀랍게 변화시키는 주체적인 역할을 행하기 시작하십니다.

1. 진정한 자기 사랑이란, 그리스도 안에 있는 자신을 긍정하고 그리스도 안에 속하기 전의 자기 모습을 부인하는 것입니다. 바울 사도는 이것을 갈라디아서 2장 20절에서 어떻게 선언하고 있습니까?

나는 그리스도와 함께 십자가에 못 박혔습니다. 이제 살고 있는 것은 내가 아닙니다. 그리스도께서 내 안에서 살고 계십니다. 내가 지금 육신 안에서 살고 있는 삶은, 나를 사랑하셔서 나를 위하여 자기 몸을 내	내가 그리스도와 함께 십자가에 못 박혔나니 그런즉 이제는 내가 사는 것이 아니요 오직 내 안에 그리스도께서 사시는 것이라. 이제 내가 육체 가운데 사는 것은 나를 사랑하사 나를 위하여 자기 자신을 버리신

어주신 하나님의 아들을 믿는 믿음 안에서 살아가는 것입니다(갈 2:20).

하나님의 아들을 믿는 믿음 안에서 사는 것이라(갈 2:20).

___

2. 또 바울은 고린도전서 3장 16절에서 십자가에서 이루어진 일을 진심으로 받아들인 사람들에게는 놀라운 축복이 임했다고 이야기합니다. 그 축복은 무엇입니까?(참고. 요 14:16)

여러분은 하나님의 성전이며, 하나님의 성령이 여러분 안에 거하신다는 것을 알지 못합니까?(고전 3:16)

너희는 너희가 하나님의 성전인 것과 하나님의 성령이 너희 안에 거하시는 것을 알지 못하느냐(고전 3:16).

내가 아버지께 구하겠다. 그리하면 아버지께서 다른 보혜사를 너희에게 보내서서, 영원히 너희와 함께 계시게 하실 것이다 (요 14:16).

내가 아버지께 구하겠으니 그가 또 다른 보혜사를 너희에게 주사 영원토록 너희와 함께 있게 하리니(요 14:16).

* 보혜사: '변호해주시는 분' 또는 '도와주시는 분'

___

3. 갈라디아서 5장 16-26절은 이 성령님이 우리 속에 와서 사시기 때문에 우리에게 나타나는 새로운 삶의 모습을 이야기합니다. 24절은 우리의 변화된 신분을 어떻게 표현하고 있습니까?

그리스도 예수께 속한 사람은 정욕과 욕망과 함께 자기의 육체를 십자가에 못 박았습니다(갈 5:24).

그리스도 예수의 사람들은 육체와 함께 그 정욕과 탐심을 십자가에 못 박았느니라(갈 5:24).

(1) 우리는 누구에게 속한 사람입니까? 그 의미는 무엇입니까?

(2) 우리 속에 있는 정욕과 욕망을 어떻게 해야 합니까?

(3) 자신의 육체를 십자가에 못 박았다는 의미는 무엇입니까?

MEMO

4
우리 속에서 경험하는 두 가지 욕망

교재 읽기 《풍성한 삶의 기초》 219–226쪽
강의 듣기 〈5–B〉

성경은 우리가 그리스도 안에서 십자가에 못 박히고 다시 살리심을 입었다고 선언합니다. 하나님의 자녀이며, 하나님나라 백성이며, 새로운 피조물이 되었습니다. 그럼에도 불구하고 우리는 여전히 '죄된 성품'을 가지고 있습니다. 성경은 우리 속에 여전히 두 가지 욕망이 존재한다고 말합니다. 이제 그 두 가지 욕망에 대해 좀 더 자세하게 알아보도록 하겠습니다.

1. 변화된 신분은 영적인 사실이지만 우리가 실존적으로 경험하는 삶의 현장에서는 두 가지 욕망이 같이 존재합니다. 그 두 가지 욕망은 무엇이며 어떤 관계에 있습니까?

> 내가 또 말합니다. 여러분은 성령께서 인도하여 주시는 대로 살아가십시오. 그러면 육체의 욕망을 채우려 하지 않을 것입니다. 육체의 욕망은 성령을 거스르고, 성령이 바라시는 것은 육체를 거스릅니다. 이 둘이 서로 적대관계에 있으므로, 여러분은 내가 이르노니 너희는 성령을 따라 행하라 그리하면 육체의 욕심을 이루지 아니하리라. 육체의 소욕은 성령을 거스르고 성령은 육체를 거스르나니 이 둘이 서로 대적함으로 너희가 원하는 것을 하지 못하게 하려 함이니라(갈 5:16-17).

자기가 원하는 일을 할 수 없게 됩니다(갈 5:16-17).

2. 육체의 욕망이 가져오는 열매는 어떤 것입니까? 또 그 최종 결과는 무엇입니까?

육체의 행실은 환히 드러난 것들입니다. 곧 음행과 더러움과 방탕과 우상숭배와 마술과 원수맺음과 다툼과 시기와 분냄과 분쟁과 분열과 파당과 질투와 술 취함과 흥청망청 먹고 마시는 놀음과, 그와 같은 것들입니다. 내가 전에도 여러분에게 경고하였지만, 이제 또 다시 경고합니다. 이런 짓을 하는 사람들은 하나님의 나라를 상속받지 못할 것입니다(갈 5:19-21).	육체의 일은 분명하니 곧 음행과 더러운 것과 호색과 우상 숭배와 주술과 원수 맺는 것과 분쟁과 시기와 분냄과 당 짓는 것과 분열함과 이단과 투기와 술 취함과 방탕함과 또 그와 같은 것들이라. 전에 너희에게 경계한 것 같이 경계하노니 이런 일을 하는 자들은 하나님의 나라를 유업으로 받지 못할 것이요(갈 5:19-21)

3. 그렇다면 이와 반대로 성령의 욕망이 생산하는 열매는 어떤 것이며, 그 최종 결과는 무엇입니까?

그러나 성령의 열매는 사랑과 기쁨과 화평 | 오직 성령의 열매는 사랑과 희락과 화평과

과 인내와 친절과 선함과 신실과 온유와 절제입니다. 이런 것들을 막을 법이 없습니다(갈 5:22-23).

오래 참음과 자비와 양선과 충성과 온유와 절제니 이같은 것을 금지할 법이 없느니라(갈 5:22-23).

함께 이야기 나누기 (10분)

- 영적으로는 하늘에 있지만 육체를 입고 있는 우리에게는 두 가지 욕망의 갈등이 있습니다. 자신이 고민하는 부분을 나누어보십시오.

- 진정한 자기 부인이란 무엇인지 자신의 말로 다시 정의해보십시오.

함께 기도합시다 (5분)

"하나님 아버지, 우리로 하여금 우리가 그리스도를 몰랐을 때 얼마나 비참한 존재였는지를 정직하게 직면하게 도와주십시오. 그리스도 안에서 우리를 얼마나 놀랍고 축복받은 존재로 만드셨는지 바로 알게 하셔서, 우리로 그리스도와 관계없었던 우리 자신을 부인하게 하시고, 그리스도 안에서 새로워진 모습을 사랑하게 하옵소서. 하나님이 그리스도 안에서 행하신 진리를 토대로 우리 속에 있는 육체의 욕망과 성령의 욕망을 분별하여 성령님을 따를 수 있도록 도와주십시오."

과제물

1. 하나님이 이루신 일을 긍정하고 옛사람을 벗는 가장 좋은 길은 말씀을 마음에 새기는 것입니다. 갈라디아서 2장 20절을 암송해서 쓰고 틀린 부분은 다른 색으로 고쳐봅시다.

2. 일주일 동안 생활하면서, 자신에게 '육체의 욕망'과 '성령의 욕망'이 어떻게 나타나는지 살펴보고 자신은 어느 욕망을 따라가는 습관이 있는지 관찰하고 기록해봅시다.

3. 옛사람을 부인하고 새사람을 긍정하기 위해서는 하나님이 우리를 위해 이루신 일을 꾸준히 묵상하고 기도해야 합니다. 10-10-10 훈련을 특권으로 여기고 지속적으로 실천해봅시다.

	아침 기도 10분	성경 읽기 10분	밤 기도 10분
일(요일)			
일(요일)			
일(요일)			
일(요일)			
일(요일)			
일(요일)			
일(요일)			

도움이 되는 자료

《내가 누구인지 이제 알았습니다》(닐 앤더슨, 죠이선교회)
《내면세계의 질서와 영적 성장》(고든 맥도날드, IVP)
《교회 안의 거짓말》(김형국, 비아토르) 6장 "제가 아직 덜 죽어서요"

| 여섯 번째 만남 |

성령을 따라
사는 삶

하나님이 예수님 안에서 행하신 일을 믿음으로 받아들인 우리 안에는 이제 성령님이 계십니다. 앞에서 살펴본 우리의 육체적 욕망들, 우리가 가지고 있던 가치관, 우리의 습관들, 과거의 정신적인 상처 등에 대해서, 옛날에 우리를 지배하던 것들이 아니라 이제 성령께서 우리에게 말씀하시고 우리를 지도하십니다. 우리는 이 지도를 따라 살기 시작해야 합니다. 성령과 동행한다면, 예수 그리스도의 영이신 성령님은 우리에게 하나님이 예수 그리스도를 통해서 우리를 위해서 하신 일을 끊임없이 상기시킬 것입니다. "나는 그리스도 예수 안에서 완전히 받아들여졌어. 나는 그리스도 예수 안에서 특별한 존재가 되었어"라는 믿음의 고백은 성령을 따르는 삶의 기초입니다.

함께 시작하면서(10분)

- 갈라디아서 2장 20절을 암송해봅시다.

- 이번 주 10-10-10 훈련은 어떠셨습니까? 조금씩 자리를 잡아갑니까? 진보가 있습니까? 아니면 여전히 답보 상태입니까? 왜 그렇습니까?

- 지난 일주일 동안 당신에게 '육체의 욕망'과 '성령의 욕망'이 어떻게 갈등했는지 한두 가지만 이야기해봅시다.

1
부인해야 할 것과 긍정해야 할 것들

교재 읽기 《풍성한 삶의 기초》 228-237쪽
강의 듣기 〈6-A〉

진정한 자기 사랑이란 그리스도 안에 있지 않을 때 가지고 있었던 모습을 부인하고, 그리스도 안에서 새로워진 존재를 긍정하는 것입니다. 육체적인 욕망은 우리로 하여금 그리스도 안에 있기 전의 상태로 유혹하고, 성령의 욕망은 우리로 하여금 그리스도 안에서 새롭게 된 존재로 인도합니다. 먼저 구체적으로 우리가 부인해야 할 육체의 욕망이 어떤 것인지 생각해봅시다.

1. 우리가 부인하여야 할, 그리스도 안에 속하기 전에 나를 지배하던 '육체의 욕망'은 어떤 것이었습니까?

   (1) 육체적인 욕심과 관련해: _____

   (2) 세상의 가치관과 관련해: _____

(3) 나쁜 습관과 관련해: _____
_____

(4) 옛 상처나 기억과 관련해: _____
_____

(5) 이런 것들이 당신을 어떻게 괴롭힙니까?
_____
_____
_____

2. 이제 반대로 적극적으로 긍정해야 할 것은 무엇입니까? 우리는 성령님과 어떤 관계를 맺어야 합니까?

내가 또 말합니다. 여러분은 성령께서 인도하여 주시는 대로 살아가십시오. 그러면 육체의 욕망을 채우려 하지 않을 것입니다 (갈 5:16).	내가 이르노니 너희는 성령을 따라 행하라 그리하면 육체의 욕심을 이루지 아니하리라(갈 5:16).
우리가 성령으로 삶을 얻었으니, 우리는 성령이 인도해 주심을 따라 살아갑시다(갈 5:25).	만일 우리가 성령으로 살면 또한 성령으로 행할지니 (갈 5:25).

_____
_____
_____

2
우리 속에 계신 성령님

교재 읽기 《풍성한 삶의 기초》 238–252쪽
강의 듣기 〈6-A〉

기독교의 가장 중요한 메시지는 우리가 예수님을 믿게 되었을 때 우리가 그리스도 안에 속하게 되었고, 그 속에서 완전한 피조물이 되었다는 것입니다. 우리는 그리스도와 '함께' 이미 새 생명을 얻었고, 그리스도와 '함께' 하늘에 앉게 된 것입니다. 이것을 믿음으로 받아들임으로써 우리가 구원을 얻은 것입니다. 그러므로 우리는 그리스도 밖에 있을 때 지닌 모습을 부인해야 합니다.

1. 성령을 따라 행하는 법을 배우기 위해서는 성령께서 어떤 일을 하시는지 알아야 합니다. 성령께서는 어떤 일을 하십니까?

   (1) 성령의 _____ (요 14:16)

   내가 아버지께 구하겠다. 그리하면 아버지께서 다른 보혜사를 너희에게 보내서, 영원히 너희와 함께 계시게 하실 것이다(요 14:16).

   내가 아버지께 구하겠으니 그가 또 다른 보혜사를 너희에게 주사 영원토록 너희와 함께 있게 하시리니(요 14:16).

(2) 성령의 _____ (요 14:26 ; 16:13)

그러나 보혜사, 곧 아버지께서 내 이름으로 보내실 성령께서, 너희에게 모든 것을 가르쳐 주실 것이며, 또 내가 너희에게 말한 모든 것을 생각나게 하실 것이다(요 14:26).

보혜사 곧 아버지께서 내 이름으로 보내실 성령 그가 너희에게 모든 것을 가르치시고 내가 너희에게 말한 모든 것을 생각나게 하리라(요 14:26)

그러나 그분 곧 진리의 영이 오시면, 그가 너희를 모든 진리 가운데로 인도하실 것이다(요 16:13).

그러나 진리의 성령이 오시면 그가 너희를 모든 진리 가운데로 인도하시리니(요 16:13).

(3) 성령의 _____ (갈 5:22-23)

그러나 성령의 열매는 사랑과 기쁨과 화평과 인내와 친절과 선함과 신실과 온유와 절제입니다. 이런 것들을 막을 법이 없습니다(갈 5:22-23).

오직 성령의 열매는 사랑과 희락과 화평과 오래 참음과 자비와 양선과 충성과 온유와 절제니 이 같은 것을 금지할 법이 없느니라(갈 5:22-23).

(4) 성령의 _____ (행 2:17)

하나님께서 말씀하신다. 마지막 날에 나는 내 영을 모든 사람에게 부어주겠다. 너희의 아들들과 너희의 딸들은 예언을 하고, 너희의 젊은이들은 환상을 보고, 너희의 늙은이들은 꿈을 꿀 것이다(행 2:17).

하나님이 가라사대 말세에 내가 내 영으로 모든 육체에게 부어주리니 너희의 자녀들은 예언할 것이요 너희의 젊은이들은 환상을 보고 너희의 늙은이들은 꿈을 꾸리라(행 2:17).

(5) 성령의 _____ (빌 2:13)

하나님은 여러분 안에서 활동하셔서, 여러분으로 하여금 하나님을 기쁘게 해드릴 것을 염원하게 하시고 실천하게 하시

너희 안에서 행하시는 이는 하나님이시니 자기의 기쁘신 뜻을 위하여 너희로 소원을 너희 안에서 행하시는 이는 하나님

는 분입니다(빌 2:13). 이시니 두고 행하게 하시나니(빌 2:13).

(6) 성령의 _____ (고전 12:4, 7)

은사는 여러 가지지만, 그것을 주시는 분은 같은 성령이십니다.…각 사람에게 성령을 나타내 주시는 것은 공동 이익을 위한 것입니다(고전 12:4, 7). 은사는 여러 가지나 성령은 같고…각 사람에게 성령의 나타남을 주심은 유익하게 하려 하심이라(고전 12:4, 7).

(7) 성령의 _____ (엡 5:18)

술에 취하지 마십시오. 거기에는 방탕이 따릅니다. 성령의 충만함을 받으십시오(엡 5:18). 술 취하지 말라. 이는 방탕한 것이니 오직 성령의 충만을 받으라(엡 5:18).

2. 성령은 인격적인 하나님이시기 때문에 이렇게 활동적으로 우리 가운데서 일하실 수도 있지만, 반대로 우리가 성령님의 인도하심을 따르지 않으면 다음과 같은 결과가 나타날 수도 있습니다. 함께 살펴봅시다.

(1) 성령의 _____ (엡 4:30)

하나님의 성령을 슬프게 하지 마십시오. 여러분은 성령 안에서 구속의 날을 위하여 인치심을 받았습니다(엡 4:30). 하나님의 성령을 근심하게 하지 말라. 그 안에서 너희가 구원의 날까지 인치심을 받았느니라(엡 4:30).

(2) 성령의 _____ (살전 5:19)

성령을 소멸하지 마십시오(살전 5:19). 성령을 소멸치 말며(살전 5:19).

3. 당신은 당신 속에 계신 성령님과 어떠한 관계를 맺고 있습니까? 아래

도표를 보면서, 당신이 성령님에 대해서 새롭게 배운 부분은 무엇입니까? 요즈음 성령님과 어떤 관계를 맺고 있습니까?

함께 이야기 나누기 (10분)

- 성경은 우리를 붙잡아 매는 '과거에 우리를 지배하였던 육체의 욕망'이 이미 십자가에 못 박혔다고 가르칩니다. 당신은 지금도 당신에게 영향을 끼치는 이러한 육체의 욕망을 지금까지 어떻게 대해왔습니까? 그러한 대처 방법이 옳은 것이었습니까?

- 당신은 당신 속에 계신 성령님과 어떠한 관계를 맺고 있습니까? 앞의 도표를 보면서, 당신이 성령님에 대해서 새롭게 배우게 된 부분은 어떤 부분이고, 요즈음 성령님과 어떤 관계를 맺고 있는지 이야기해봅시다.

3
성령님과 성경

교재 읽기 《풍성한 삶의 기초》 253–262쪽
강의 듣기 〈6–B〉

성령의 역사는 주관적이지만, 이런 주관적 체험도 여전히 성경에 뿌리를 내리고 있습니다. 이런 면에서 그리스도인의 삶의 두 가지 축을 다시 한 번 강조할 필요가 있습니다. 진정한 그리스도인들은 그리스도 안에 속하기 전과 관련된 자신을 부인하고, 그리스도 안에서 새로워진 자신을 성경을 통해 깨닫고, 자신 속에서 새롭게 일하기 시작하시는 성령님을 따라 사는 사람입니다.

1. 그리스도 안에서 새로운 신분을 얻게 된 우리에게 필요한 두 가지는 무엇입니까?
   (1) _____을 통해서 하나님과 그분이 하신 일을 깊이 알아가는 것
   (2) 내주하시는 _____이 인도하시는 대로 잘 따라가는 것

2. 에베소서 5장 18-20절과 골로새서 3장 16-17절을 비교하면서, 성경과 성령님의 관계를 살펴봅시다.

술에 취하지 마십시오. 거기에는 방탕이 따릅니다. 성령의 충만함을 받으십시오. 시와 찬미와 신령한 노래로 서로 화답하며, 여러분의 가슴으로 주님께 노래하며, 찬송하십시오. 모든 일에 언제나 우리 주 예수 그리스도의 이름으로 하나님 아버지께 감사를 드리십시오(엡 5:18-20).	술 취하지 말라. 이는 방탕한 것이니 오직 성령으로 충만함을 받으라. 시와 찬송과 신령한 노래들로 서로 화답하며 너희의 마음으로 주께 노래하며 찬송하고 범사에 우리 주 예수 그리스도의 이름으로 항상 아버지 하나님께 감사하며(엡 5:18-20).
그리스도의 말씀이 여러분 가운데 풍성히 살아 있게 하십시오. 온갖 지혜로 서로 가르치고 권고하십시오. 감사한 마음으로 시와 찬미와 신령한 노래로 여러분의 하나님께 마음을 다하여 찬양하십시오. 그리고 말이든 행동이든 무엇을 하든지, 모든 것을 주 예수의 이름으로 하고, 그분에게서 힘을 얻어서, 하나님 아버지께 감사를 드리십시오(골 3:16-17).	그리스도의 말씀이 너희 속에 풍성히 거하여 모든 지혜로 피차 가르치며 권면하고 시와 찬송과 신령한 노래를 부르며 감사하는 마음으로 하나님을 찬양하고 또 무엇을 하든지 말에나 일에나 다 주 예수의 이름으로 하고 그를 힘입어 하나님 아버지께 감사하라(골 3:16-17).

3. 성경을 통해서 성령님을 알아가는 새 생활은 구체적으로 성경을 어떻게 대하는 것입니까?

    (1) 진리의 잣대인 성경: _____

(2) 성경에 대한 새로운 습관: _____

MEMO

4
내주하시는 성령님을 따르는 새 생활

교재 읽기 《풍성한 삶의 기초》 263–273쪽
강의 듣기 〈6–B〉

훈련소에 막 들어간 훈련병도 군인이고 특전사도 군인입니다. 특전사가 되고 싶다면, 성령님이 이끄시는 대로 살아야 합니다. 그렇지 않으면 만년 일등병에 머물 수밖에 없습니다. 성경은 우리가 성령님을 따라 성장할 때 모두 그리스도의 장성한 분량, 곧 예수님과 같은 모습에까지 다다를 수 있다고 말합니다. 그러한 삶의 구체적인 모습을 배워보도록 하겠습니다.

1. 내주하시는 성령님을 따르기 위해서는, 먼저 기도 중에 _____과 _____이 필요합니다.

2. 일상에서 우리가 연습해야 할 것은 무엇입니까?

3. 성령께서 하시는 중요한 일 중 하나는 무엇입니까?

4. 성령을 따라 살 때 성령은 우리가 어떤 존재임을 보여주십니까?

> 그리스도 안에서 여러분도 함께 세워져서 하나님이 성령으로 거하실 처소가 됩니다 (엡 2:22).

> 너희도 성령 안에서 하나님이 거하실 처소가 되기 위하여 그리스도 예수 안에서 함께 지어져 가느니라(엡 2:22).

5. 내주하시는 성령님을 따를 때 성령님이 세상에 대해 깨닫게 해주시는 것은 무엇입니까?

> "주님의 영이 내게 내리셨다. 주님께서 내게 기름을 부으셔서, 가난한 사람에게 기쁜 소식을 전하게 하셨다. 주님께서 나를 보내셔서, 포로 된 사람들에게 해방을 선포하고, 눈먼 사람들에게 눈 뜸을 선포하고, 억눌린 사람들을 풀어주고, 주님의 은혜의 해를 선포하게 하셨다."…예수께서 그들에게 말씀하셨다. "이 성경 말씀이 너희가 듣는 가운데서 오늘 이루어졌다"(눅 4:18-19, 21).

> 주의 성령이 내게 임하셨으니 이는 가난한 자에게 복음을 전하게 하시려고 내게 기름을 부으시고 나를 보내사 포로 된 자에게 자유를, 눈 먼 자에게 다시 보게 함을 전파하며 눌린 자를 자유롭게 하고 주의 은혜의 해를 전파하게 하려 하심이라 하였더라.…이에 예수께서 그들에게 말씀하시되 이 글이 오늘 너희 귀에 응하였느니라 하시니(눅 4:18-19, 21).

> "새로운 습관을 만드십시오.
> 새로운 습관이 인격을 바꿉니다.
> 그리고 인격이 바뀌면 인생도 바뀝니다."

함께 이야기 나누기 (10분)

- 내주하시는 성령님을 따르는 삶에서 스스로를 돌아볼 때 특별히 어떤 면이 부족합니까?

- 당신은 자신을 보살피고 가꾸기 위해서 어떤 습관을 새롭게 길러야 할까요?

함께 기도합시다 (5분)

"하나님 아버지, 우리가 내주하시는 성령님을 인격적으로 따르게 하옵소서. 그리하여 우리가 성령님의 인도를 따라 성령의 열매를 맺으며, 성령께서 주시는 비전을 이루기 위해서 성령의 은사와 성령의 능력을 따라 살게 하옵소서. 궁극적으로 우리가 성령님으로 충만한 삶을 살게 하여주시옵소서. 이 성령님을 좇아 살아가는 법을 배우고 익히게 하옵소서. 간절히 기도하오니, 우리의 불순종 때문에 성령을 슬프게 하거나 성령이 우리 속에서 소멸되지 않도록, 우리를 다스려주시옵소서."

과제물

1. 성령께서는 이따금 우리가 암송한 말씀을 통하여 우리를 일깨워주십니다. 이번 주에는 갈라디아서 5장 24-25절을 암송합시다. 밑에 암송하여 쓰고 틀린 부분은 빨간색으로 고쳐봅시다.

2. 당신은 성경을 읽어 어떠한 유익을 얻고 있습니까? 특별히 하나님을 알아가는 특권, 그리스도 안에서 이루어진 일을 깨달아가는 즐거움을 누리고 계십니까? 어떻게 이번 주에도 그런 즐거움을 누리시겠습니까? 하루하루 어떻게 이 특권을 누렸는지 기록해보십시오.

3. 기도하는 시간은 단지 하나님께 우리에게 뭐가 필요한지 알리는 시간이 아닙니다. 오히려 하나님이 성령님을 통하여 우리에게 어떻게 말씀하시는지 듣는 시간입니다. 기도하는 시간에 조용히 침묵하고 성령님께 집중해보십시오. 10-10-10 훈련이 자신의 또 다른 천성이 되도록 연습하십시오.

	아침 기도 10분	성경 읽기 10분	밤 기도 10분
일(요일)			
일(요일)			
일(요일)			
일(요일)			
일(요일)			
일(요일)			
일(요일)			

도움이 되는 자료

《성령세례와 성령충만》(존 스토트, IVP)
《성령을 아는 지식》(제임스 패커, 홍성사)

MEMO

| IV부 |

그리스도의 다스림 아래에서 살아가는 공동체

Community Life under Christ

일곱 번째 만남 · 형제 사랑을 살아내는 공동체
여덟 번째 만남 · 섬김의 도를 실현하는 공동체

| 일곱 번째 만남 |

형제 사랑을
살아내는 공동체

우리 각 개인이 그리스도 안에 있음으로, 그리스도 안에 있는 '우리'는 모두 한 공동체, 한 몸, 한 가족이 되었습니다. 그러므로 이제 우리는 그리스도의 다스림 아래에서 살아가는 법을 배우고 누려야 합니다. 그래서 그리스도의 다스림 아래 살아가는 공동체의 아름다움을 세상에 드러내야 합니다. 이를 위해 선행되어야 할 것이 형제 사랑입니다. 내가 그리스도께 속하였다면 우리의 형제자매도 동일하게 그리스도께 속해 있습니다. 그 사실을 인정하는 그리스도인들이 형제자매를 대하는 태도가 달라지는 것은 아주 자연스러운 일입니다. 하나님의 사랑을 받고 하나님을 사랑하는 사람은 자신에게 주신 형제와 자매를 진정으로 사랑할 수밖에 없습니다.

함께 시작하면서 (10분)

- 갈라디아서 5장 24-25절을 암송합시다. 암송하면서 도움이 되었거나 새롭게 깨달은 부분이 있다면 함께 나누어보십시오.

- 지난 한 주 동안 성령님과 동행하셨습니까? 성령님을 통하여 자신을 진실로 사랑하는 법을 배워나가고 있습니까?

- "기독교인이 되면 꼭 교회를 다녀야 해?" 또는 "교회를 다니더라도 혼자 좀 조용히 다니면 안 돼?"라는 질문에 대해 어떻게 생각하십니까?

1

그리스도 안에서 이루어진 공동체

교재 읽기 《풍성한 삶의 기초》 278–288쪽
강의 듣기 〈7–A〉

우리는 지금까지 그리스도 안에서 내가 어떻게 변화되었는지를 살펴보고, 그 의미를 공부해왔습니다. 그런데 이렇게 변화된 나는 결코 혼자가 아니라고 성경은 이야기하고 있습니다. 우리는 우리와 비슷한 경험을 하며, 동일한 예수님을 주로 섬기는 사람들을 만나게 됩니다. 지난 만남에서 함께 공부했던 에베소서 2장으로 돌아가서 그리스도 안에서 어떤 일이 일어났는지 살펴봅시다.

1. 에베소서 2장 4-6절은 우리가 '그리스도 안'에서 어떤 존재가 되었다고 말합니까? 이 본문에서 '우리를'이라는 단어를 주목해서 보십시오.

> 그러나 하나님은 자비가 넘치는 분이셔서, 우리를 사랑하신 그 큰 사랑으로 말미암아, 범죄로 죽은 우리를 그리스도와 함께 살려주셨습니다. 여러분은 은혜로 구원을 얻었습니다. 하나님께서 그리스도 예수 안에서 우리를 그분과 함께 살리시고, 하늘에 함께 앉게 하셨습니다 (엡 2:4-6)

> 긍휼이 풍성하신 하나님이 우리를 사랑하신 그 큰 사랑을 인하여 허물로 죽은 우리를 그리스도와 함께 살리셨고 (너희는 은혜로 구원을 받은 것이라) 또 함께 일으키사 그리스도 예수 안에서 함께 하늘에 앉히시니 (엡 2:4-6).

또한 에베소서 2장 10절은 그것을 어떻게 표현합니까?

> 우리는 하나님의 작품입니다. 선한 일을 하게 하시려고, 하나님께서 그리스도 예수 안에서 우리를 만드셨습니다. 하나님께서 이렇게 미리 준비하신 것은, 우리가 선한 일을 하며 살아가게 하시려는 것입니다(엡 2:10).

> 우리는 그가 만드신 바라. 그리스도 예수 안에서 선한 일을 위하여 지으심을 받은 자니 이 일은 하나님이 전에 예비하사 우리로 그 가운데서 행하게 하려 하심이니라(엡 2:10).

2. '우리가 하나님의 작품'이라는 말은 무슨 의미입니까? 그 의미를 에베소서 2장 11-22절에서 찾아보십시오.

   (1) 하나님의 _____ (2:19)

   > 그러므로 이제부터 여러분은 외국 사람이나 나그네가 아니요, 성도들과 함께 시민이며 하나님의 가족입니다(엡 2:19).

   > 그러므로 이제부터 너희는 외인도 아니요 나그네도 아니요 오직 성도들과 동일한 시민이요 하나님의 권속이라(엡 2:19).

   (2) 그리스도의 _____ (2:16)

   > 원수 된 것을 십자가로 소멸하시고 이 둘을 한 몸으로 만드셔서, 하나님과 화해시키셨습니다(엡 2:16).

   > 또 십자가로 이 둘을 한 몸으로 하나님과 화목하게 하려 하심이라. 원수 된 것을 십자가로 소멸하시고(엡 2:16).

1장 23절에서는 이렇게 한 몸이 된 이유를 설명하고 있는데, 그것은 무엇입니까?

| 교회는 그리스도의 몸이요, 만물 안에서 만물을 충만케 하시는 분의 충만함입니다(엡 1:23). | 교회는 그의 몸이니 만물 안에서 만물을 충만하게 하시는 이의 충만함이니라(엡 1:23). |

(3) 성령의 _____ (2:21-22)

| 그리스도 안에서 건물 전체가 서로 연결되어서, 주님 안에서 자라서 성전이 됩니다. 그리스도 안에서 여러분도 함께 세워져서 하나님이 성령으로 거하실 처소가 됩니다(엡 2:21-22). | 그의 안에서 건물마다 서로 연결하여 주 안에서 성전이 되어가고, 너희도 성령 안에서 하나님이 거하실 처소가 되기 위하여 예수 안에서 함께 지어져가느니라(엡 2:21-22). |

3. 여기서 우리가 다시 기억해야 할 것이 있습니다. 하나님의 가족, 그리스도의 몸, 성령의 전은 모두 _____ 사실이라는 것입니다.

MEMO

2
그리스도의 다스림 아래에서 살아가기

교재 읽기 《풍성한 삶의 기초》 289-297쪽
강의 듣기 〈7-A〉

교회 내에 분쟁이 생기는 이유는 우리가 어떤 존재로 바뀌었는지, 우리가 누구인지를 제대로 알지 못하기 때문입니다. 하나님이 이 공동체를 세우시기 위해 어떤 대가를 지불하셨는지, 하나님이 이 공동체를 통해서 깨진 세상을 향해 어떤 계획이 있으신지를 안다면, 교회를 분열시키는 일은 하지 않을 것입니다. 그들이 진정한 의미에서 그리스도의 다스림 아래 있다면 말입니다.

1. 지금까지 '풍성한 삶의 기초' 훈련 내용의 중요한 맥을 찾아봅시다.

   - 하나님이 그리스도 안에서 나를 받아들이셨습니다.
     즉, 우리는 하나님과 전혀 다른 관계를 맺게 되어 하나님을 _____ 가고 _____ 할 수 있게 되었습니다.
   - 나는 그리스도 안에서 _____ 존재입니다.
     즉, 우리는 우리 자신을 지금까지와는 다른 방식으로 사랑하게 되었습니다.

- 나는 그리스도 안에서 새로운 _____ 공동체에 속했습니다.

  즉, 우리는 그리스도 안에서 다른 가족들을 만나게 되었고, 그들과 이미 하나 된 것을 알게 되었습니다.

2. 이 놀라운 일은 모두 이미 그리스도 안에서 이루어진 일입니다. 무엇이 이러한 사실을 우리 것으로 만듭니까? (고후 5:7 ; 히 11:6)

   우리는 믿음으로 살아가지, 보는 것으로 살아가지 아니합니다(고후 5:7).

   이는 우리가 믿음으로 행하고 보는 것으로 행하지 아니함이로라(고후 5:7).

   믿음이 없이는 하나님을 기쁘게 해드릴 수 없습니다. 하나님께 나아가는 사람은, 하나님이 계시다는 것과, 하나님은 자기를 찾는 사람들에게 상을 주시는 분이시라는 것을 믿어야 합니다(히 11:6).

   믿음이 없이는 하나님을 기쁘시게 하지 못하나니 하나님께 나아가는 자는 반드시 그가 계신 것과 또한 그가 자기를 찾는 자들에게 상 주시는 이심을 믿어야 할지니라(히 11:6).

   _____
   _____

3. 하나님은 우리를 이미 한 공동체로 만드셨습니다. 그렇기 때문에 우리가 해야 할 것은 무엇입니까? (엡 4:3)

   성령이 여러분을 평화의 띠로 묶어서, 하나가 되게 해주신 것을 힘써 지키십시오(엡 4:3).

   평안의 매는 줄로 성령이 하나 되게 하신 것을 힘써 지키라(엡 4:3).

   _____
   _____

> "그리스도 안에서 이루어진 일을 믿음으로 받아들이고
> 그리스도의 권위 아래에서, 그의 뜻을 따라 살아갈 때
> 공동체적 삶은 가능합니다."

함께 이야기 나누기 (10분)

- 이제 다시 한 번, "기독교인이 되면 꼭 교회를 다녀야 하는가, 또는 공동체 생활을 해야 하는가"라는 질문을 받으면, 무엇이라고 답변을 할 수 있을까요?

- 하나님이 그리스도 안에서 이루신 일 중에서 잊지 말아야 할 것이 우리를 하나님의 공동체, 곧 교회에 속하게 하셨다는 것입니다. 성령님이 하나 되게 하신 것을 힘써 지키려 할 때 무엇이 어렵습니까?

MEMO

3

하나님 사랑과 형제 사랑

교재 읽기 《풍성한 삶의 기초》 298–306쪽
강의 듣기 〈7–B〉

사도 요한은 요한일서에서 하나님 사랑과 형제 사랑이 불가분의 관계라고 여러 번 설명합니다. 즉 하나님을 사랑한다고 하면서 자기 형제자매를 미워할 수는 없다는 것입니다. 보이는 형제자매를 사랑하지 않으면서 보이지 않는 하나님을 사랑한다는 것은 거짓말이요 종교적 허식입니다. 하나님을 사랑한다는 추상적 개념은 형제 사랑이라는 구체적 모습으로 드러나게 마련입니다.

1. 어떻게 하면 하나님이 하나 되게 하신 것을 지키며 살 수 있을까요? 이에 대해서는, 특별히 하나님의 사랑과 그 사랑을 입은 사람들과의 관계를 기록한 요한일서 말씀에서 답을 찾을 수 있습니다(요일 3:14-16).

> 우리가 이미 죽음에서 생명으로 옮겨갔다는 것을 우리는 압니다. 이것을 아는 것은 우리가 형제자매를 사랑하기 때문입니다. 사랑하지 않는 사람은 죽음에 머물러 있습니다. 자기 형제자매를 미워하는 사람은 누구나 살인하는 사람입니다. 살인하는 사

> 우리가 형제를 사랑함으로 사망에서 옮겨 생명으로 들어간 줄을 알거니와 사랑치 아니하는 자는 사망에 머물러 있느니라. 그 형제를 미워하는 자마다 살인하는 자니 살인하는 자마다 영생이 그 속에 거하지 아니하는 것을 너희가 아는 바라. 그가 우리

형제 사랑을 살아내는 공동체

람은 누구나 그 속에 영원한 생명이 머물러 있지 않다는 것을 여러분은 압니다. 그리스도께서 우리를 위하여 자기 목숨을 버리셨습니다. 이것으로 우리가 사랑을 알게 되었습니다. 그러므로 우리도 형제자매를 위하여 목숨을 버리는 것이 마땅합니다(요일 3:14-16). 를 위하여 목숨을 버리셨으니 우리가 이로써 사랑을 알고 우리도 형제들을 위하여 목숨을 버리는 것이 마땅하니라(요일 3:14-16).

(1) 요한 사도는 우리 자신이 어떠한 존재가 되었다고 표현합니까?(14절)

_____

_____

(2) 이렇게 추상적인 진리가 우리 것이 되었음을 알 수 있는 증거가 무엇이라고 요한 사도는 말합니까?(14-16절)

_____

_____

2. 하나님 사랑과 이웃 사랑을 분리할 수 있을까요? 요한 사도는 요한일서 4장 19-21절에서 어떻게 말하고 있습니까?

우리가 사랑하는 것은 하나님이 우리를 먼저 사랑하셨기 때문입니다. 누가 하나님을 사랑한다고 하면서, 자기 형제자매를 미워하면, 그는 거짓말쟁이입니다. 보이는 자기 형제자매를 사랑하지 않는 사람이 하나님을 사랑할 수 없습니다. 하나님을 사랑하는 사람은 자기 형제자매도 사랑해야 합니 우리가 사랑함은 그가 먼저 우리를 사랑하셨음이라. 누구든지 하나님을 사랑하노라 하고 그 형제를 미워하면 이는 거짓말하는 자니 보는 바 그 형제를 사랑하지 아니하는 자가 보지 못하는 바 하나님을 사랑할 수 없느니라. 우리가 이 계명을 주께 받았나니 하나님을 사랑하는 자는 또한 그 형다. 우리는 이 계명을 주님에게서 받았습니다(요일 4:19-21).   제를 사랑할지니라(요일 4:19-21).

MEMO

4
형제 사랑의 성경적 원리

교재 읽기 《풍성한 삶의 기초》 307–321쪽
강의 듣기 〈7–B〉

교회는 사랑 전문가들이 모인 곳이어야 합니다. 교회는 '사랑클리닉'이나, '사랑 전문 연구소'라고 불려야 합니다. 하나님이 우리를 먼저 사랑하셔서 서로 사랑하게 된 사람들이 모인 곳이 교회이기 때문입니다. 그런데 사랑하라는 말은 수없이 들었지만, 구체적으로 어떻게 사랑해야 하는지는 잘 배우지 못했습니다. 이제부터 성경이 가르치는 사랑의 원리를 배워보려 합니다.

요한 사도는 요한일서 3장 16-19, 23-24절에서 형제 사랑의 성경적 원리를 잘 설명해줍니다.

¹⁶그리스도께서 우리를 위하여 자기 목숨을 버리셨습니다. 이것으로 우리가 사랑을 알게 되었습니다. 그러므로 우리도 형제자매를 위하여 목숨을 버리는 것이 마땅합니다. ¹⁷누구든지 세상 재물을 가지고 있으면서, 자기 형제자매의 궁핍함을 보고도, 마음 문을 닫고 도와주지 않으면, 어떻게 하

¹⁶그가 우리를 위하여 목숨을 버리셨으니 우리가 이로써 사랑을 알고 우리도 형제들을 위하여 목숨을 버리는 것이 마땅하니라. ¹⁷누가 이 세상의 재물을 가지고 형제의 궁핍함을 보고도 도와 줄 마음을 닫으면 하나님의 사랑이 어찌 그 속에 거하겠느냐. ¹⁸자녀들아 우리가 말과 혀로만 사랑하지 말고

나님의 사랑이 그 사람 속에 머물겠습니까? ¹⁸자녀 된 이 여러분, 우리는 말이나 허로 사랑하지 말고, 행동과 진실함으로 사랑합시다. ¹⁹이렇게 함으로써 우리는 우리가 진리에서 났음을 알게 될 것입니다. 또 우리는 하나님 앞에서 확신을 가지게 될 것입니다 … ²³하나님의 계명은 이것이니, 곧 그 아들 예수 그리스도의 이름을 믿고, 그리스도께서 우리에게 명하신 대로 서로 사랑하라는 것입니다. ²⁴그리스도의 계명을 지키는 사람은 그리스도 안에 있고, 그리스도께서도 그 삶 안에 계십니다. 그리스도께서 우리 안에 계시다는 것을, 그가 우리에게 주신 성령으로 우리는 압니다(요일 3:16-19, 23-24).

행함과 진실함으로 하자. ¹⁹이로써 우리가 진리에 속한 줄을 알고 또 우리 마음을 주 앞에서 굳세게 하리니 … ²³그의 계명은 이것이니 곧 그 아들 예수 그리스도의 이름을 믿고 그가 우리에게 주신 계명대로 서로 사랑할 것이라. ²⁴그의 계명을 지키는 자는 주 안에 거하고 주는 그의 안에 거하시나니 우리에게 주신 성령으로 말미암아 그가 우리 안에 거하시는 줄을 우리가 아느니라(요일 3:16-19, 23-24).

1. 3장 16절에서는 어떤 사랑을 찾을 수 있습니까?

_____
_____

2. 3장 18절은 어떤 사랑을 하라고 말합니까?

_____
_____

3. 3장 17-18절이 말하는 사랑은 어떤 것입니까?

_____
_____

형제 사랑을 살아내는 공동체

4. 3장 23-24절에서 말하는 사랑의 특징은 무엇입니까?

_____
_____
_____

함께 이야기 나누기 (10분)

- 하나님을 사랑한다면, 우리에게 주신 형제자매를 사랑하지 않을 수 없다고 합니다. 이 과를 공부한 후 공동체 사람들에게 어떤 자세를 갖게 되었는지 이야기해봅시다. 만약 특별한 변화가 없다면, 이유는 무엇이라고 생각하는지도 이야기해봅시다.

- 앞의 네 가지 원리 중에서, 가장 마음에 와 닿는 부분과 가장 어렵게 느껴지는 부분은 어떤 것입니까? 어떻게 하면, 성경적인 원리에 입각한 사랑을 할 수 있을까요? 실제로 이번 주에 실천해볼 수 있는 부분으로는 어떤 것이 있을까요?

함께 기도합시다 (5분)

"하나님 아버지, 우리가 그리스도를 받아들였을 때, 그리스도 안에서 이미 한 가족이 된 공동체에 속하게 하신 것을 찬양합니다. 이제 우리가 그리스도의 몸 안에서 그리스도의 다스림을 실제적으로 받으며 살아가는 사람들이 되게 하여주십시오. 무엇보다 형제를 사랑할 때 진실한 사랑, 희생하는 사랑, 구체적인 사랑, 중심 있는 사랑으로 사랑하여, 하나님을 사랑하는 자다운 삶을 살 수 있도록 우리를 이끌어주시옵소서."

과제물

1. 하나님이 하신 일을 기억하며 우리가 어떻게 살아야 할지를 묵상하는 것은 매우 귀한 일입니다. 요한일서 3장 16절을 암송합시다.

2. 하나님은 우리가 공동체에 속하기를 원하시고 그 가운데서 진정한 사랑을 배우기 원하십니다. 이번 한 주 동안 하나님이 주신 공동체 안에서 구체적으로 어떻게 사랑할지 생각하고 실천해보십시오. 그리고 그 내용을 아래에 적어보십시오. 네 가지 원리에 입각해서 평가해보십시오.

3. 다른 사람을 하나님의 사랑으로 사랑하는 것은 단지 자기 인격 수양으로 되지 않습니다. 하나님 말씀이 우리 마음에 새겨지고, 우리가 우리 내면에서 하나님을 꾸준히 만나고 있을 때 진실한 사랑이 가능합니다. 10-10-10 훈련을 하면서 당신의 내면세계를 든든히 세워가십시오.

		아침 기도 10분	성경 읽기 10분	밤 기도 10분
일(	요일)			
일(	요일)			
일(	요일)			
일(	요일)			
일(	요일)			
일(	요일)			
일(	요일)			

도움이 되는 자료

《교회를 꿈꾼다》(김형국, 비아토르)
《마음과 마음이 이어질 때》(고든 맥도날드, IVP)
《희열의 공동체》(마르바 던, 복있는사람)
《공동체로 산다는 것》(크리스틴 폴, 죠이선교회)

| 여덟 번째 만남 |

섬김의 도를
실현하는 공동체

사랑하라는 말은 쉽지만, 그 사랑을 실생활에 적용하고 실천하려면 결단과 학습과 훈련이 필요합니다. 그래서 한 공동체가 얼마나 성숙했는지는 교인 수가 얼마나 되고, 얼마나 많은 사역을 하고, 얼마나 많은 선교사를 파송하고, 얼마나 많은 가난한 자를 섬기고 있느냐보다 '사랑 전문가들'이 얼마나 많은지를 보면 알 수 있습니다. 우리가 배운 사랑이 제2의 천성으로 자리 잡은 리더들이 많을수록 그 교회, 그 공동체는 하나님을 드러내고 그분의 뜻을 이루는 성숙한 공동체가 될 수 있습니다. 지금까지는 일대일 관계에 집중했다면, 이제부터는 조금 더 구체적으로 공동체에서 살아가는 원리와 실제를 이야기하려고 합니다.

함께 시작하면서(10분)

- 요한일서 3장 16절을 암송합시다. 암송하면서 도움이 되었거나 새롭게 깨달은 부분이 있다면 함께 나누어보십시오.

- 하나님 사랑과 이웃 사랑은 동전의 양면입니다. 지난 한 주 동안 생활하면서 형제 사랑, 특히 자신이 속한 교회 공동체에서 구체적으로 사랑한 내용을 나눠봅시다. 그리고 그 내용을 사랑의 네 가지 원칙을 바탕으로 평가해봅시다.

- 정말 좋은 공동체를 경험해본 적이 있습니까? 그 공동체에는 어떤 특성이 있었습니까?

1
공동체적 삶의 원리: 섬김의 도

교재 읽기 《풍성한 삶의 기초》 324–331쪽
강의 듣기 〈8–A〉

성경이 말하는 공동체는 세상 공동체의 조직 운영 방법과 전혀 다릅니다. 세상 공동체는 피라미드 조직과 같습니다. 아래쪽에는 무조건 순종해야 하는 사람이 있고, 꼭대기에는 정보와 힘을 독점하고 모든 것을 지시하는 사람이 있습니다. 정점에 있는 사람을 중심으로 모든 것이 돌아갑니다. 그러나 예수님이 세운 공동체는 피라미드 구조가 아니라 '거꾸로 된 나라'입니다.

1. 성경에서 아주 중요한 삶의 원리는 '3장 16절'로 요약되는 것 같습니다. 요한복음 3장 16절이 말하는 바는 무엇이고, 이에 따라 요한일서 3장 16절이 우리에게 명하는 바는 무엇입니까?

하나님께서 세상을 이처럼 사랑하셔서 외아들을 주셨으니, 이는 그를 믿는 사람마다 멸망하지 않고 영생을 얻게 하려는 것이다(요 3:16).

하나님이 세상을 이처럼 사랑하사 독생자를 주셨으니 이는 그를 믿는 자마다 멸망하지 않고 영생을 얻게 하려 하심이라(요 3:16).

그리스도께서 우리를 위하여 자기 목숨을 버리셨습니다. 이것으로 우리가 사랑을 알

그가 우리를 위하여 목숨을 버리셨으니 우리가 이로써 사랑을 알고 우리도 형제들을

게 되었습니다. 그러므로 우리도 형제자매를 위하여 목숨을 버리는 것이 마땅합니다 (요일 3:16).

위하여 목숨을 버리는 것이 마땅하니라(요일 3:16).

2. 그렇다면 그런 하나님의 사랑을 받은 자들, 그래서 다른 사람을 위해서 자기 생명을 내어주는 것이 마땅하다고 감히 고백하는 자들의 공동체, 그 공동체는 어떤 방식으로 움직여야 할까요? 마태복음 20장 25-28절에서 예수님은 무엇이라고 가르치십니까? 공동체를 섬기는 자는 어떤 자세를 가져야 합니까?

예수께서는 그들을 곁에 불러놓고 말씀하셨다. "너희가 아는 대로, 이방 민족들의 통치자들은 백성을 마구 내리누르고, 고관들은 백성에게 세도를 부린다. 그러나 너희끼리는 그렇게 해서는 안 된다. 너희 가운데서 위대하게 되고자 하는 사람은 누구든지 너희를 섬기는 사람이 되어야 하고, 너희 가운데서 으뜸이 되고자 하는 사람은 너희의 종이 되어야 한다. 인자는 섬김을 받으러 온 것이 아니라 섬기러 왔으며, 많은 사람을 위하여 자기 목숨을 몸값으로 치러주려고 왔다"(마 20:25-28).

예수께서 제자들을 불러다가 이르시되 이방인의 집권자들이 그들을 임의로 주관하고 그 고관들이 그들에게 권세를 부리는 줄을 너희가 알거니와 너희 중에는 그렇지 않아야 하나니 너희 중에 누구든지 크고자 하는 자는 너희를 섬기는 자가 되고 너희 중에 누구든지 으뜸이 되고자 하는 자는 너희의 종이 되어야 하리라. 인자가 온 것은 섬김을 받으려 함이 아니라 도리어 섬기려 하고 자기 목숨을 많은 사람의 대속물로 주려 함이니라(마 20:25-28).

2
서로 복종하는 삶

교재 읽기 《풍성한 삶의 기초》 332–339쪽
강의 듣기 〈8–A〉

오늘날 그리스도인 공동체의 슬픈 자화상은, 교회 공동체에서도 세상 방식을 그대로 적용하는 모습이 나타난다는 것입니다. 교회 공동체가 그래서는 안 됩니다. 하나님의 대안 공동체인 교회는 섬기는 사람들, 다른 사람을 위해서 더 많이 희생하는 사람들이 이끌어가야 합니다. 그리고 예수 그리스도라는 권위에 순종할 수 있을 때, 우리는 서로에게 복종할 수 있습니다.

1. 그리스도인 공동체에는 하나님이 세우신 리더가 있는데, 교회 내의 그런 리더들을 우리는 어떻게 대우해야 할까요?(벧전 5:5)

   젊은이 여러분, 이와 같이 여러분도 나이가 많은 이들에게 복종하십시오. 모두가 서로서로 겸손의 옷을 입으십시오. 하나님께서는 교만한 자를 물리치시고, 겸손한 사람에게 은혜를 베푸십니다(벧전 5:5).

   젊은 자들아 이와 같이 장로들에게 순복하고 다 서로 겸손으로 허리를 동이라. 하나님이 교만한 자를 대적하시되 겸손한 자들에게는 은혜를 주시느니라(벧전 5:5).

2. 주님이 우리를 위해 생명을 주셨듯이 리더는 따르는 자들을 섬기고, 따르는 자는 주님에게 순종하듯이 리더에게 순종하는 것이 하나님의 공동체가 지닌 아름다운 모습입니다. 이를 사도 바울은 어떻게 표현했습니까?(엡 5:21)

여러분은 그리스도를 두려워하는 마음으로 서로 순종하십시오(엡 5:21).

그리스도를 경외함으로 피차 복종하라(엡 5:21).

그렇다면 우리는 어떻게 서로 순종할 수 있을까요?

함께 이야기 나누기 (10분)

- 교회(우리 교회나 다른 교회)에서 권위적인 모습의 리더들을 경험한 적이 있으십니까? 그러한 모습이 성경적 가르침과 얼마나 대조되는 것인지 이야기해봅시다.

- 당신의 영적 지도자는 누구입니까? 영적 지도자에게 순종하는 것을 어렵게 느끼는 이유가 있다면 그것은 무엇입니까?

3
용서와 용납

교재 읽기 《풍성한 삶의 기초》 340–355쪽
강의 듣기 〈8-B〉

성경은 공동체적인 삶의 원리로 가득 차 있습니다. 실제로 이러한 여러 가지 명령들을 순종하고 적용하려면, 그에 걸맞은 공동체가 없이는 불가능합니다. 그렇다면, 이러한 공동체 속에서 우리가 살아야 할 공동체적 삶은 어떤 것일까요? 용서하고 용납하는 삶입니다. 예수님이 우리 죄를 용서하셨듯이 다른 이의 잘못을 용서하고, 그분이 우리를 용납하셨듯이 상대방을 용납하는 것입니다.

1. 예수님이 주신 새 계명은 무엇입니까? 이 계명에 순종하기 위해 우리가 밑바탕에 갖추어야 할 것은 무엇입니까? 요한복음 13장 34-35절을 보십시오.

> 이제 나는 너희에게 새 계명을 준다. 서로 사랑하여라. 내가 너희를 사랑한 것같이, 너희도 서로 사랑하여라. 너희가 서로 사랑하면, 모든 사람이 그것으로써 너희가 내 제자인 줄 알게 될 것이다(요 13:34-35).

> 새 계명을 너희에게 주노니 서로 사랑하라. 내가 너희를 사랑한 것같이 너희도 서로 사랑하라. 너희가 서로 사랑하면 이로써 모든 사람이 너희가 내 제자인줄 알리라(요 13:34-35).

2. 우리에게 주신 몇몇 사람들을 사랑하려고 할 때, 우리에게 잘못하는 사람들을 만나기도 하고 또 우리도 다른 사람들에게 잘못할 때가 있습니다. 이럴 때 우리는 어떻게 해야 하는지 예수님은 마태복음 18장 20-35절에서 말씀해주십니다.

[20]"두세 사람이 내 이름으로 모여 있는 자리, 거기에 내가 그들 가운데 있다." [21]그때에 베드로가 예수께 다가와서 말하였다. "주님, 내 형제가 나에게 자꾸 죄를 지으면, 내가 몇 번이나 용서하여 주어야 합니까? 일곱 번까지 하여야 합니까?" [22]예수께서 대답하였다. "일곱 번만이 아니라, 일흔 번을 일곱 번이라도 하여야 한다. [23]그러므로, 하늘나라는 마치 자기 종들과 셈을 가리려고 하는 어떤 왕과 같다. [24]왕이 셈을 가리기 시작하니, 만 달란트 빚진 종 하나가 왕 앞에 끌려왔다. [25]그런데 그는 빚을 갚을 돈이 없으므로, 주인은 그 종에게, 자신과 그 아내와 자녀들과 그 밖에 그가 가진 것을 모두 팔아서 갚으라고 명령하였다. [26]그랬더니 종이 그 앞에 무릎을 꿇고, '참아주십시오. 다 갚겠습니다' 하고 애원하였다. 주인은 그 종을 가엾게 여겨서, [27]그를 놓아주고, 빚을 없애 주었다.

[20]두세 사람이 내 이름으로 모인 곳에는 나도 그들 중에 있느니라. [21]그때에 베드로가 나아와 이르되 주여 형제가 내게 죄를 범하면 몇 번이나 용서하여 주리이까 일곱 번까지 하오리이까. [22]예수께서 이르시되 네게 이르노니 일곱 번뿐 아니라 일곱 번을 일흔 번까지라도 할지니라. [23]그러므로 천국은 그 종들과 결산하려 하던 어떤 임금과 같으니 [24]결산할 때에 만 달란트 빚진 자 하나를 데려오매 [25]갚을 것이 없는지라. 주인이 명하여 그 몸과 아내와 자식들과 모든 소유를 다 팔아 갚게 하라 하니 [26]그 종이 엎드려 절하며 이르되 내게 참으소서. 다 갚으리이다 하거늘 [27]그 종의 주인이 불쌍히 여겨 놓아 보내며 그 빚을 탕감하여주었더니 [28]그 종이 나가서 자기에게 백 데나리온 빚진 동료 한 사람을 만나 붙들어 참아 주소서. 갚으리이다 하되 [30]허락하지 아니하고 이에 가서 그가 빚을 갚도록

²⁸그러나 그 종은 나가서, 자기에게 백 데나리온 빚진 동료 하나를 만나자, 붙들어서 멱살을 잡고 말하기를 '내게 빚진 것을 갚아라' 하였다. ²⁹그 동료는 엎드려 간청하였다. '참아주게. 내가 갚겠네.' ³⁰그러나 그는 들어주려 하지 않고, 가서 그 동료를 감옥에 집어넣고, 빚진 돈을 갚을 때까지 갇혀 있게 하였다. ³¹다른 종들이 이 광경을 보고, 매우 딱하게 여겨서, 가서 주인에게 그 일을 다 일렀다. ³²그러자 주인이 그 종을 불러다놓고 말하였다. '이 악한 종아. 네가 애원하기에, 나는 너에게 그 빚을 다 없애주었다. ³³내가 너를 불쌍히 여긴 것처럼, 너도 네 동료를 불쌍히 여겼어야 할 것이 아니냐?' ³⁴주인이 노하여, 그를 형무소 관리에게 넘겨주고, 빚진 것을 다 갚을 때까지 가두어두게 하였다. ³⁵너희가 각각 진심으로 자기 형제자매를 용서해주지 않으면, 나의 하늘 아버지께서도 너희에게 그와 같이 하실 것이다"(마 18:20-35).

옥에 가두거늘 ³¹그 동료들이 그것을 보고 몹시 딱하게 여겨 주인에게 가서 그 일을 다 알리니 ³²이에 주인이 그를 불러다가 말하되 악한 종아 네가 빌기에 내가 네 빚을 전부 탕감하여 주었거늘 ³³내가 너를 불쌍히 여김과 같이 너도 네 동료를 불쌍히 여김이 마땅하지 아니하냐 하고 ³⁴주인이 노하여 그 빚을 다 갚도록 그를 옥졸들에게 넘기니라. ³⁵너희가 각각 마음으로부터 형제를 용서하지 아니하면 나의 하늘 아버지께서도 너희에게 이와 같이 하시리라(마 18:20-35).

(1) 그리스도인들 사이에 만들어진 새로운 관계를 18장 20절에서는 어떻게 표현하고 있습니까?

_____

_____

(2) 예수님은 만 달란트 빚진 자와 백 데나리온 빚진 자의 이야기를 해주십니다. 예수님이 이 이야기에서 하시려는 말씀은 무엇입니까?

(3) 우리가 정말 용서하기 힘든 사람들이 있습니다. 어떻게 할 때 이런 사람들을 용서할 수 있습니까?

(4) 바울은 에베소서 4장 32절에서 이를 어떻게 표현하고 있습니까?

> 서로 친절히 대하며, 불쌍히 여기며, 하나님께서 그리스도 안에서 여러분을 용서하신 것과 같이 서로 용서하십시오(엡 4:32).

> 서로 인자하게 하며 불쌍히 여기며 서로 용서하기를 하나님이 그리스도 안에서 너희를 용서하심과 같이 하라(엡 4:32).

3. 용서와 함께 필요한 또 다른 부분이 있는데, 그것을 골로새서 3장 13절에서는 어떻게 이야기합니까?

> 누가 누구에게 불평할 일이 있더라도, 서로 용납하여주고, 서로 용서하여주십시오. 주님께서 여러분을 용서하신 것과 같이, 여러분도 서로 용서하십시오(골 3:13).

> 누가 누구에게 불만이 있거든 서로 용납하여 피차 용서하되 주께서 너희를 용서하신 것같이 너희도 그리하고(골 3:13).

4
은사로 공동체 세우기

교재 읽기 《풍성한 삶의 기초》 356-364쪽
강의 듣기 〈8-B〉

교회 공동체는 서로 사랑하고 섬기고 용서하고 용납할 뿐만 아니라 각자의 은사를 통해 공동체를 세우는 일이 중요합니다. 그리스도의 다스림 아래에서 살아가는 사람들이라면, 그분이 주신 은사로 공동체를 세워가는 삶을 살 수밖에 없습니다. 공동체 가운데 살면서 서로 사랑하려고 애쓰다 보면 은사는 자연스럽게 드러납니다. 그리고 그 은사는 자신이 잘할 수 있는 일과 연결됩니다.

1. 그리스도의 몸에 속해 있으면, 우리에게 특별한 선물이 있습니다. 그것으로 하나님이 '어떤 일'을 '왜' 하도록 하셨는지를 살펴봅시다(고전 12:3-13).

   > ³그러므로 나는 여러분에게 알려드립니다. 하나님의 영으로 말하는 사람은 아무도 "예수는 저주를 받아라" 하고 말할 수 없고, 또 성령을 힘입지 않고서는 아무도 "예수는 주님이시다" 하고 말할 수 없습니다. ⁴은사는 여러 가지지만, 그것을 주시는 분

   > ³그러므로 내가 너희에게 알리노니 하나님의 영으로 말하는 자는 누구든지 예수를 저주할 자라 하지 아니하고 또 성령으로 아니하고는 누구든지 예수를 주시라 할 수 없느니라. ⁴은사는 여러 가지나 성령은 같고 ⁵직분은 여러 가지나 주는 같으며 ⁶또

은 같은 성령이십니다. ⁵섬기는 일은 여러 가지지만, 섬김을 받으시는 분은 같은 주님이십니다. ⁶일의 성과는 여러 가지지만, 모든 사람에게서 모든 일을 하시는 분은 같은 하나님이십니다. ⁷각 사람에게 성령을 나타내주시는 것은 공동 이익을 위한 것입니다. ⁸어떤 사람에게는 성령을 통하여 지혜의 말씀을 주시고, 어떤 사람에게는 같은 성령을 따라 지식의 말씀을 주십니다. ⁹어떤 사람에게는 같은 성령으로 믿음을 주시고, 어떤 사람에게는 같은 성령으로 병 고치는 은사를 주십니다. ¹⁰어떤 사람에게는 기적을 행하는 능력을 주시고 어떤 사람에게는 예언하는 은사를 주시고, 어떤 사람에게는 영을 분별하는 은사를 주십니다. 어떤 사람에게는 여러 가지 방언을 말하는 은사를 주시고, 어떤 사람에게는 그 방언을 통역하는 은사를 주십니다. ¹¹이 모든 일은 한 분이신 같은 성령이 하시며, 그는 원하시는 대로 각 사람에게 은사를 나누어주십니다. ¹²몸은 하나이지만 많은 지체가 있고, 몸의 지체는 많지만 그들이 모두 한 몸이듯이, 그리스도도 그러하십니다. ¹³우리는 유대 사람이든지 그리스 사람이든지, 종이든지 자유인이든지, 모두 한 성령으로 세례를 받아서 한 몸이 되었고, 또 모두 한 성령을 마시게 되었습니다 (고전 12:3-13).

사역은 여러 가지나 모든 것을 모든 사람 가운데서 이루시는 하나님은 같으니 ⁷각 사람에게 성령을 나타내심은 유익하게 하려 하심이라. ⁸어떤 사람에게는 성령으로 말미암아 지혜의 말씀을, 어떤 사람에게는 같은 성령을 따라 지식의 말씀을, ⁹다른 사람에게는 같은 성령으로 믿음을, 어떤 사람에게는 한 성령으로 병 고치는 은사를, ¹⁰어떤 사람에게는 능력 행함을, 어떤 사람에게는 예언함을, 어떤 사람에게는 영들 분별함을, 다른 사람에게는 각종 방언 말함을, 어떤 사람에게는 방언들 통역함을 주시나니 ¹¹이 모든 일은 같은 한 성령이 행하사 그의 뜻대로 각 사람에게 나누어주시는 것이니라. ¹²몸은 하나인데 많은 지체가 있고 몸의 지체가 많으나 한 몸임과 같이 그리스도도 그러하니라. ¹³우리가 유대인이나 헬라인이나 종이나 자유자나 다 한 성령으로 세례를 받아 한 몸이 되었고 또 다 한 성령을 마시게 하셨느니라(고전 12:3-13).

(1) 공동체의 대전제는 무엇입니까? (3절) _____

(2) 이 공동체에는 _____ 이 있고, 또 _____ 이 있습니다 (4-6, 8-10절).

(3) 성령께서 이렇게 다양하게 우리에게 나타나신 목적은 무엇입니까? (7절)

(4) 12-13절은 _____ 사람들이 모여 _____ 공동체를 이루었음을 강조합니다.

2. 이런 공동체를 함께 이루어가면, 하나님이 이 공동체에 대한 비전을 보여주십니다. 그것이 무엇인지 베드로전서 2장 9절은 어떻게 말하고 있습니까?

> 그러나 여러분은 택하심을 받은 족속이요, 왕과 같은 제사장들이요, 거룩한 민족이요, 하나님의 소유가 된 백성입니다. 그래서 여러분을 어둠에서 불러내어 자기의 놀라운 빛 가운데로 인도하신 분의 업적을, 여러분이 선포하는 것입니다(벧전 2:9).

> 그러나 너희는 택하신 족속이요 왕 같은 제사장들이요 거룩한 나라요 그의 소유가 된 백성이니 이는 너희를 어두운 데서 불러내어 그의 기이한 빛에 들어가게 하신 이의 아름다운 덕을 선포하게 하려 하심이라(벧전 2:9).

섬김의 도를 실현하는 공동체

함께 이야기 나누기 (10분)

- 당신이 관심을 가지고 있어야 할 몇몇 사람은 누구입니까?

- 당신이 용서하고 용납하기 힘든 사람은 누구입니까? 특별히 교회 공동체에 그런 사람이 있습니까? 아니면 교회가 아닌 주변에 그런 사람이 있습니까? 그런 사람을 어떻게 용서하고 용납하며, 네 가지 사랑의 원칙대로 사랑할 수 있을까요?

- 당신에게는 어떤 은사가 있는 것 같습니까? 그것이 공동체에 어떤 유익이 있을까요? 그 은사를 나누기 위해, 또는 은사를 알기 위해 어떤 사역에 참여하고 있습니까?

- 당신이 속한 교회 공동체의 소명은 무엇이라고 생각합니까? 그것이 당신에게 의미하는 바는 무엇입니까?

함께 기도합시다 (5분)

"하나님 아버지, 우리가 공동체 속에서 서로 섬기면서 복종할 수 있도록 도와주십시오. 주님이 나를 용서하고 용납하셨듯이, 나에게 잘못하는 사람을 용서하고, 나와 다르거나 미성숙한 사람을 용납하는 법을 배울 수 있도록 도와주십시오. 또한 나에게 주신 은사를 사용하여 나의 공동체를 세워나가서, 이 공동체를 통해서 세상 속에 하나님의 살아계심과 그 아름다운 덕을 드러내는 비전을 이루어나가게 하옵소서."

과제물

1. 다른 구절은 몰라도 주님이 우리에게 주신 새 계명이 적힌 성경 구절은 꼭 암송해야겠지요? 이번 주는 요한복음 13장 34-35절을 암송하겠습니다.

2. 교회에서 우리가 사랑해야 할 사람들, 섬길 일들을 꼼꼼히 찾아 적용해봅시다.

3. 우리의 내면세계가 든든하게 서 있지 않으면, 다른 사람을 섬길 수 있는 동력이 쉽게 바닥납니다. 10-10-10 훈련을 하며 우리에게 힘을 공급하시는 주님을 따라, 사람들과 공동체를 섬깁시다.

	아침 기도 10분	성경 읽기 10분	밤 기도 10분
일(요일)			
일(요일)			
일(요일)			
일(요일)			
일(요일)			
일(요일)			
일(요일)			

도움이 되는 자료

《교회를 꿈꾼다》 (김형국, 비아토르)
《그리스도의 공동체》 (하워드 스나이더, 생명의말씀사)
《래디컬 투게더》 (데이비드 플랫, 두란노)
《세이비어 교회》 (유성준, 평단)

MEMO

| V부 |

그리스도와 함께하는 세상살이

Living in the World with Christ

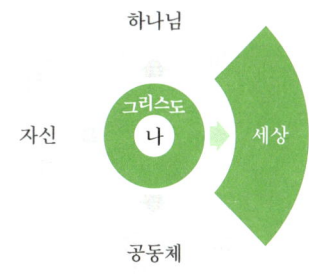

아홉 번째 만남 · 하나님의 다스림을 드러내는 복음 전도
열 번째 만남 · 하나님의 다스림을 드러내는 세상 경영

| 아홉 번째 만남 |

하나님의 다스림을
드러내는 복음 전도

우리는 직장, 학교, 가정에서 대부분의 시간을 보내기 때문에 그 가운데서 어떻게 살 것인가 하는 문제는 그리스도인에게 매우 중요합니다. 하나님의 통치를 받아 변화된 삶, 자비와 은혜를 입은 삶, 긍휼히 여김을 받은 삶, 하나님의 인도하심을 받는 삶, 이런 멋진 삶을 주변 사람들에게 보여주어야 하기 때문입니다. 그런 면에서 하나님이 우리에게 주신 많은 것들을 누리고 즐겨야 합니다. 우리가 이런 것들을 누리고 살 때 세상 사람들에게 이러한 삶을 가능하게 하신 주님을 선포할 수 있습니다. 세상에서 살아가는 '그리스도 안에 있는 나'의 가장 중요한 존재 의의는 우리 삶을 통해 하나님의 다스림을 사람들에게 알려주는 것입니다.

함께 시작하면서 (10분)

- 요한복음 13장 34-35절을 암송합시다. 암송하면서 도움이 되었거나 새롭게 깨달은 부분이 있다면 함께 나누어보십시오.

- 지난 만남인 '섬김의 도' 중에서 자신에게 가장 와 닿은 부분과, 지난주에 교회 사람들을 구체적으로 섬긴 내용을 함께 이야기해봅시다.

- 교회에서는 신앙생활에 모범이 되지만, 세상살이에서는 그렇지 않은 사람들을 우리는 자주/가끔 경험하게 됩니다. 그런 사람들을 볼 때, 당신은 어떤 생각을 합니까? 또 세상 사람들은 이런 모습을 어떻게 평가합니까?

1
하나님나라의 시민

교재 읽기 《풍성한 삶의 기초》 368–377쪽
강의 듣기 〈9–A〉

세상에서 어떻게 살아갈지를 이야기하려면, 먼저 우리 자신의 신분을 분명히 인식하는 것이 무엇보다 중요합니다. '세상 속에 살고 있지만, 그리스도 안에 있는 나'는 어떤 존재일까요? 우리는 하나님의 은혜로 예수 그리스도를 알고 그분을 주인으로 받아들이고 그리스도 안에 속하게 됨으로써 하나님나라의 시민이 되었습니다. 즉 우리는 하나님의 다스림 아래서 살아가는 그 나라의 백성입니다.

1. 바울은 우리가 하나님의 가족이 된 동시에 또한 어떠한 존재가 되었다고 이야기합니까?(엡 2:19)

   그러므로 이제부터 여러분은 외국 사람이나 나그네가 아니요, 성도들과 함께 시민이며 하나님의 가족입니다(엡 2:19).

   그러므로 이제부터 너희는 외인도 아니요 나그네도 아니요 오직 성도들과 동일한 시민이요 하나님의 권속이라(엡 2:19).

   _____
   _____
   _____

'시민'의 의미는 무엇입니까? 시민의 권리와 책임은 무엇입니까?

_____

_____

2. 우리는 하나님나라의 시민권을 갖고 있지만, 아직 이 땅에서 살고 있습니다. 성경은 그러한 우리의 삶에 대해 어떻게 말하고 있습니까?

   (1) 빌립보서 3장 20-21절에서 우리는 하나님나라에 대해 어떤 것을 알게 됩니까?

그러나 우리의 시민권은 하늘에 있습니다. 그곳으로부터 우리는 구주로 오실 주 예수 그리스도를 기다리고 있습니다. 그 분은 만물을 복종시킬 수 있는 권능으로, 우리의 비천한 몸을 변화시키셔서, 자기의 영광스러운 몸과 같은 모습이 되게 하실 것입니다(빌 3:20-21).	그러나 우리의 시민권은 하늘에 있는지라. 거기로부터 구원하는 자 곧 주 예수 그리스도를 기다리노니 그는 만물을 자기에게 복종하게 하실 수 있는 자의 역사로 우리의 낮은 몸을 자기 영광의 몸의 형체와 같이 변하게 하시리라(빌 3:20-21).

   _____

   (2) 예수님이 다시 오시기까지 우리는 이 땅에서 어떻게 살아야 합니까?(딤후 2:12)

우리가 참고 견디면, 또한 그와 함께 다스릴 것이요, 우리가 그를 부인하면, 그도 또한 우리를 부인하실 것입니다(딤후 2:12).	참으면 또한 함께 왕노릇 할 것이요 우리가 주를 부인하면 주도 우리를 부인하실 것이라(딤후 2:12).

   _____

   _____

(3) 예수님은 우리가 살고 있는 세상에 대해 어떻게 설명하십니까? 우리에게는 어떤 어려움이 있습니까?(요 15:19)

> 너희가 세상에 속하여 있다면, 세상이 너희를 자기 것으로 여겨 사랑할 것이다. 그러나 너희는 세상에 속하지 않았고 오히려 내가 너희를 세상에서 가려 뽑아냈으므로, 세상이 너희를 미워하는 것이다(요 15:19).

> 너희가 세상에 속하였으면 세상이 자기의 것을 사랑할 것이나 너희는 세상에 속한 자가 아니요 도리어 내가 너희를 세상에서 택하였기 때문에 세상이 너희를 미워하느니라(요 15:19).

"우리는 그리스도 안에 속하여 하나님나라의 백성이 되었고,
그렇기 때문에 이 땅을 살면서 하나님나라의 백성답게 살아야 합니다.
그 나라의 백성답게 살아가는 일에 참고 견디는 것은 필수입니다.
참고 견디는 자는, 우리 주님이 다시 오실 때
그와 함께 세상을 다스리게 될 것입니다."

MEMO

2

새로운 시민권과 그 사명

교재 읽기 《풍성한 삶의 기초》 378–385쪽
강의 듣기 〈9-A〉

하나님은 우리를 잠깐 어둠에서 꺼내신 정도가 아니라, 그분의 다스림 가운데서 새로운 지위를 주셨습니다. 신분의 변화가 일어났습니다. 그분의 통치 가운데 들어가 신분이 바뀐 우리는 이제 우리가 누리게 된 '아름다운 덕'을 세상 사람들에게 알려야 합니다. 우리가 비록 세상에서 살지만 하나님의 통치 아래 살면서 변화된 것을 선포하는 것, 그것이 우리가 사는 목적이요 사명입니다.

1. 하나님의 다스림 안에 들어가는 것은 대단한 변화입니다. 하나님을 알지 못했던 우리의 상태와 그 이후 하나님의 다스림 아래에 들어간 우리의 특권이자 의무를 베드로전서 2장 9-10절에서 어떻게 표현하고 있습니까?

> ⁹그러나 여러분은 택하심을 받은 족속이요, 왕과 같은 제사장들이요, 거룩한 민족이요, 하나님의 소유가 된 백성입니다. 그래서 여러분을 어둠에서 불러내어 자기의 놀라운 빛 가운데로 인도하신 분의 업적

> ⁹그러나 너희는 택하신 족속이요 왕 같은 제사장들이요 거룩한 나라요 그의 소유가 된 백성이니 이는 너희를 어두운 데서 불러내어 그의 기이한 빛에 들어가게 하신 이의 아름다운 덕을 선포하게 하려 하심이

을, 여러분이 선포하는 것입니다. ¹⁰여러분이 전에는 하나님의 백성이 아니었으나, 지금은 하나님의 백성이요. 전에는 자비를 입지 못한 사람이었으나, 지금은 자비를 입은 사람입니다(벧전 2:9-10).

라. ¹⁰너희가 전에는 백성이 아니더니 이제는 하나님의 백성이요. 전에는 긍휼을 얻지 못하였더니 이제는 긍휼을 얻은 자니라(벧전 2:9-10).

(1) 하나님을 알지 못하던 때에 우리는 어떤 상태였습니까? (9절중, 10절)

_____
_____

(2) 하나님의 다스림 아래 있게 된 우리는 어떤 지위를 갖게 됩니까? (9절 상)

_____
_____

(3) 우리가 이렇게 변하게 된 목적은 무엇입니까? (9절)

_____
_____

2. 에베소서 2장 6-7절은 그 변화와 목적을 어떻게 표현합니까?

하나님께서 그리스도 예수 안에서 우리를 그분과 함께 살리시고, 하늘에 함께 앉게 하셨습니다. 그것은, 하나님께서 그리스도 예수 안에서 우리에게 자비로 베풀어주신 그 은혜가 얼마나 풍성한지를 장차 올 모든 세대에게 드러내 보이시기 위함입니다(엡 2:6-7).

또 함께 일으키사 그리스도 예수 안에서 함께 하늘에 앉히시니 이는 그리스도 예수 안에서 우리에게 자비하심으로써 그 은혜의 지극히 풍성함을 오는 여러 세대에 나타내려 하심이라(엡 2:6-7).

_____
_____

"우리가 그리스도 안에 있게 되었다는 것은, 다른 말로 표현하면,
하나님의 다스림을 받기 시작했다는 의미입니다.
이것은 우리 인간에게는 대단한 변화이며 축복입니다.
이러한 축복을 받은 사람은 당연히 이러한 축복을 나누지 않을 수 없습니다."

함께 이야기 나누기 (10분)

- 당신은 당신이 하나님의 다스림 아래에 들어간 것이 얼마나 놀라운 축복인지 깨닫고 느끼고 있습니까? 그 이유는 무엇입니까?

- 하나님의 다스림을 받고 난 이후 당신에게 일어난 변화를 다른 사람에게 이야기한다면, 무엇을 이야기할 수 있겠습니까?

MEMO

3
하나님의 다스림을 누리며 알리기

교재 읽기 《풍성한 삶의 기초》 386–396쪽
강의 듣기 〈9–B〉

하나님나라를 드러내 보여주는 시민으로 어떻게 살아갈지 고민하며 삶의 현장에서 살아가는 자들은 그들의 삶 자체가 하나님나라의 비밀을 세상 사람들에게 흘리는 것입니다. 자신에게 일어난 놀라운 변화를 노골적이지 않고 자연스럽게 드러냅니다. 이러한 모습을 일관되게 보여줄 때 사람들이 우리를 찾아와서 그렇게 사는 이유를 묻게 됩니다.

1. 우리는 하나님나라의 시민이지만 여전히 세상 속에서 살아갑니다. 그런 우리에게는 어떤 부대낌이 있고 또 어떤 축복을 누립니까?

　

2. 하나님의 다스림 밑에 있을 때 우리는 놀라운 축복을 받습니다. 이런 축복을 알리는 것이 우리의 첫 번째 의무입니다. 그렇다면 이를 위해 우리가 먼저 해야 할 일은 무엇입니까? (벧전 3:15-16상)

다만 여러분의 마음속에 그리스도를 주님으로 모시고 거룩하게 대하십시오. 여러분이 가진 희망을 설명하여주기를 바라는 사람에게는, 언제나 답변할 수 있게 준비를 해두십시오. 그러나 온유함과 두려운 마음으로 답변하십시오.(벧전 3:15-16 상).	너희 마음에 그리스도를 주로 삼아 거룩하게 하고 너희 속에 있는 소망에 관한 이유를 묻는 자에게는 대답할 것을 항상 준비하되 온유와 두려움으로 하고(벧전 3:15).

"마음속에 그리스도를 주님으로 모시고 거룩하게 대하면" 우리는 어떻게 달라집니까?

(1) 하나님과의 관계:

(2) 자신과의 관계:

(3) 공동체와의 관계:

(4) 세상 속에서 이웃들과의 관계:

3. 이렇게 우리 삶이 변하면 그 다음에는 무슨 일이 생깁니까?(벧전 3:15하)

MEMO

4
대답을 준비하는 삶

교재 읽기 《풍성한 삶의 기초》 397-408쪽
강의 듣기 〈9-B〉

우리가 예수 그리스도 안에서 변화되어가고, 이렇게 하나님의 다스림 아래에서 살아가는 모습이 자연스럽게 사람들에게 흘러갈 때, 사람들은 우리 삶에 호기심을 갖게 됩니다. 이때 우리는 대답할 것을 준비해야 합니다. "한번 믿어봐" 또는 "교회 다녀봐"라는 식의 짧고 무성의한 답이 아니라 우리 삶이 어떻게 달라졌는지를 구체적으로 이야기해줄 수 있어야 합니다.

1. 우리의 흘림을 통해 사람들이 우리 삶에 호기심을 가질 때, 그 다음 우리가 해야 할 것은 무엇입니까? (벧전 3:15-16상)

   다만 여러분의 마음속에 그리스도를 주님으로 모시고 거룩하게 대하십시오. 여러분이 가진 희망을 설명하여주기를 바라는 사람에게는, 언제나 답변할 수 있게 준비를 해두십시오. 그러나 온유함과 두려운 마음으로 답변하십시오. 선한 양심을 가지십시오 (벧전 3:15-16상).

   너희 마음에 그리스도를 주로 삼아 거룩하게 하고 너희 속에 있는 소망에 관한 이유를 묻는 자에게는 대답할 것을 항상 준비하되 온유와 두려움으로 하고 선한 양심을 가지라 (벧전 3:15-16상).

(1) 성경은 우리에게 무엇을 준비하라고 합니까?

(2) 어떤 자세를 가지라고 말합니까?

(3) 간증과 전도는 어떤 차이점이 있습니까?

(4) 복음을 전할 때 꼭 전해야 할 진리를 요약한다면, 그 내용은 무엇입니까?

2. 이러한 개인의 증거를 더 강력하게 만들어주는 요소를 예수님은 요한복음 17장 21절에서 무엇이라고 말씀하십니까? 그 이유는 무엇일까요?

> 아버지, 아버지께서 내 안에 계시고, 내가 아버지 안에 있는 것과 같이, 그들도 하나가 되어서 우리 안에 있게 하여주십시오. 그래서 아버지께서 나를 보내셨다는 것을, 세상이 믿게 하여 주십시오.(요 17:21).

> 아버지여, 아버지께서 내 안에, 내가 아버지 안에 있는 것 같이 그들도 다 하나가 되어 우리 안에 있게 하사 세상으로 아버지께서 나를 보내신 것을 믿게 하옵소서(요 17:21).

3. 우리 주변에 있는, 하나님과 그분의 다스림을 잘 알지 못하는 사람들을 위해 우리가 꼭 해야 할 일은 무엇입니까?(엡 6:19)

또 나를 위하여 기도하기를, 내가 입을 열 때에, 하나님께서 말씀을 주셔서 담대하게 복음의 비밀을 알릴 수 있게 해달라고 하십시오.(엡 6:19).

또 나를 위하여 구할 것은 내게 말씀을 주사 나로 입을 열어 복음의 비밀을 담대히 알리게 하옵소서 할 것이니(엡 6:19).

함께 이야기 나누기 (10분)

- 당신에게 전도, 또는 간증은 삶 속에서 즐겁게 잘 이루어집니까? 그 이유는 무엇입니까?

- 당신에게 '하나님이 다스리신다'는 소식, 곧 복음을 전해야 할 사람들은 누가 있습니까? 각각 세 사람의 이름을 써보십시오.

  * 가족 중에서:
  * 친구나 친지 중에서:
  * 직장 동료 중에서:
  * 이웃들 중에서:

- 위에 적은 사람들을 위해서 당신이 할 수 있는 일은 무엇입니까?

함께 기도합시다 (5분)

"하나님 아버지, 우리가 하나님나라에 속하여 그 나라의 시민 된 것을 찬양합니다. 이제 그 나라의 시민으로서, 하나님나라가 이미 이 땅에 임한 것을 사람들에게 알리는 사명을 잘 감당할 수 있게 하옵소서. 나와 우리의 삶에 이미 임한 하나님나라를 누리며 사는 모습과 열매가 드러나게 하셔서, 주변 사람들에게 도전이 되게 하옵소서. 더 나아가 그들에게 우리 삶의 비밀이신 예수 그리스도를 잘 전할 수 있도록 준비시켜주옵소서."

MEMO

과제물

1. 베드로전서 3장 15절을 암송합시다(새번역은 16절 상반절까지).

2. 당신이 하나님을 알려주어야 할 사람들 이름을 성경책 맨 앞 장에 써보고, 그 사람들을 위해 언제 어떻게 기도할지 결단합시다.
   * 그 사람들 이름을 성경책 앞 장에 썼다. 예(   ) 아니오(   )
   * 그 사람들을 위해서 기도하겠다. 언제(   )

3. 그리스도를 주로 삼아 거룩해지기 위하여 10-10-10 훈련을 꾸준히 해나가, 우리 인격과 삶이 성숙하도록 계속해서 애씁시다.

		아침 기도 10분	성경 읽기 10분	밤 기도 10분
일(	요일)			
일(	요일)			
일(	요일)			
일(	요일)			
일(	요일)			
일(	요일)			
일(	요일)			

도움이 되는 자료

《풍성한 삶으로의 초대》(김형국, 비아토르)
《천국만이 내집은 아닙니다》(폴 마샬, IVP)
《빛으로 소금으로》(레베카 피펏, IVP)
《개인전도》(존 스토트, IVP)*

| 열 번째 만남 |

하나님의 다스림을 드러내는 세상 경영

우리는 하나님과 그분의 다스림을 믿지만, 여전히 하나님의 원리와 방식이 통하지 않는 세상에서 살아갑니다. 그렇다면 우리는 세상에서 어떤 방식으로 살아야 할까요? 사랑과 정의, 이 두 가지를 실천하는 삶을 살아야 합니다. 무엇이 옳고 무엇이 그른지 쉬운 답변을 찾기 어려운 세상이지만, 사랑과 공의의 원리를 자신의 삶에 어떻게 적용할지 꾸준히 고민하고 실천하는 것이야말로 그리스도와 함께 세상살이를 하는 하나님나라 백성다운 모습입니다. 그리고 이러한 삶의 모습을 통해 사람들이 보이지 않는 하나님을 어렴풋이 알게 되고, 하나님나라에 속한 사람들의 비밀을 더듬어 알게 되면, 그 사람들이 하나님께로 돌아올 가능성까지 생깁니다.

함께 시작하면서(10분)

- 베드로전서 3장 15절을 암송하면서 도움이 되었거나 새롭게 깨달은 부분이 있다면 함께 나누어보십시오.

- 하나님의 다스림을 증거해야 할 사람들 이름을 성경책에 기록하였는지 서로 살펴봅시다. 지난주에 그들을 위하여 각자 무엇을 하였는지 이야기 해봅시다.

- 전도는 열심히 하는데, 세상살이에는 무관심하거나 무책임한 사람들을 보았습니까? 교회에서는 열심히 봉사하지만, 세상에서는 균형 있는 삶을 살지 않는 사람들이 있습니까? 왜 그러한 모습이 나타난다고 생각하십니까?

1
세상 경영의 원리: 정의와 사랑

교재 읽기 《풍성한 삶의 기초》 410–418쪽
강의 듣기 〈10–A〉

하나님이 세상을 다스리시는 원리는 정의와 사랑이고, 이 두 가지가 하나님에게서 완벽하게 조화를 이루고 있습니다. 이 조화로움이 가장 완벽하게 드러난 곳이 '십자가'입니다. 이렇듯, 정의와 사랑이 늘 같이 움직이는 것이 하나님의 다스림의 특징입니다. 따라서 '세상을 다스리라'는 말은 세상의 모든 잠재력이 최선의 모습으로 나타날 수 있도록 사랑과 정의로 세상을 경영하라는 뜻입니다.

1. 그리스도 안에 있게 되었다는 것은, 하나님나라 시민이 되어 하나님의 다스림 아래로 들어갔다는 뜻입니다. 이는 하나님의 원 계획을 다시 회복하는 것을 의미합니다. 창세기 1장 27-28절을 보십시오. 세상을 창조하신 하나님의 원래 계획은 무엇이었습니까?

   하나님이 당신의 형상대로 사람을 창조하셨으니, 곧 하나님의 형상대로 사람을 창조하셨다. 하나님이 그들을 남자와 여자로 창조하셨다. 하나님이 그들에게 복을 베푸

   하나님이 자기 형상 곧 하나님의 형상대로 사람을 창조하시되 남자와 여자를 창조하시고 하나님이 그들에게 복을 주시며 그들에게 이르시되 생육하고 번성하여 땅에 충

셨다. 하나님이 그들에게 말씀하시를 "생 육하고 번성하여 땅에 충만하여라. 땅을 정복하여라. 바다의 고기와 공중의 새와 땅 위에서 살아 움직이는 모든 생물을 다스리라" 하셨다(창 1:27-28).

민하라. 땅을 정복하라, 바다의 고기와 공중의 새와 땅에 움직이는 모든 생물을 다스리라 하시니라(창 1:27-28).

2. 하나님이 다스리신다고 할 때, 그 다스림의 의미는 무엇입니까? 하나님은 어떻게 다스리십니까?(시 89:14)

정의와 공정이 주님의 보좌를 받들고, 사랑과 신실이 주님을 시중들며 앞장서 갑니다(시 89:14).

의와 공의가 주의 보좌의 기초라. 인자함과 진실함이 주 앞에 있나이다(시 89:14).

그렇다면 성경이 우리에게 "세상을 다스리라"고 할 때 그것은 어떻게 하라는 뜻입니까?

2
정의와 사랑으로 살아가기

교재 읽기 《풍성한 삶의 기초》 419–435쪽
강의 듣기 〈10–A〉

하나님은 대개 사람들에게 이런 일이나 저런 일을 하라고 구체적으로 명령하시지는 않습니다. 하나님은 우리 스스로 우리가 할 수 있는 일들을 선택할 수 있게 해주십니다. 그러므로 무슨 일을 하든지 그 일이 하나님의 공의와 사랑을 진전시키는 일인지, 아니면 그것을 퇴보시키거나 하나님의 다스림을 거스르는 일인지를 잘 살피는 것이 어떤 일을 하느냐보다 중요합니다.

1. 다음 성경 구절들은 하나님이 세상을 다스리시는 원리를 어떻게 이야기합니까?

   (1) 시편 9편 8, 9, 12절

   > ⁸그는 정의로 세계를 다스리시며, 공정하게 만백성을 판결하신다. ⁹주님은 억울한 자들이 피할 요새이시며, 고난 받을 때에 피신할 건고한 성이십니다.…¹²살인자에게 보복하시는 분께서는 억울하게 죽어간 사람들을 기억하시며, 고난 받는 사람의

   > ⁸공의로 세계를 심판하심이여 정직으로 만민에게 판결을 내리시리로다. ⁹여호와는 압제를 당하는 자의 요새이시요 환난 때의 요새이시로다.…¹²피 흘림을 심문하시는 이가 그들을 기억하심이여 가난한 자의 부르짖음을 잊지 아니하시도다

부르짖음을 모르는 체하지 않으신다(시 (시 9:8-9, 12).
9:8-9, 12).

___

___

(2) 아모스 5장 24절

너희는, 다만 공의가 물처럼 흐르게 하 오직 정의를 물같이, 공의를 마르지 않는
고, 정의가 마르지 않는 강처럼 흐르게 강같이 흐르게 할지어다(암 5:24).
하여라(암 5:24).

___

___

(3) 야고보서 4장 17절, 5장 1, 4절

그러므로 사람이 해야 할 선한 일이 무엇 그러므로 사람이 선을 행할 줄 알고도 행
인지 알면서도 하지 않으면, 그것은 그에 하지 아니하면 죄니라. 들으라 부한 자들
게 죄가 됩니다. 부자들은 들으십시오. 아, 너희에게 임할 고생으로 말미암
여러분에게 닥쳐올 비참한 일들을 생각 아 통곡하라.…보라, 너희 밭에서 추수
하고 울며 부르짖으십시오.…보십시오. 한 품꾼에게 주지 아니한 삯이 소리 지르
여러분의 밭에서 곡식을 벤 일꾼들에게 며 그 추수한 자의 우는 소리가 만군의
주지 않고 가로챈 품삯이 소리를 지르고 주의 귀에 들렸느니라(약 4:17; 5:1, 4).
있습니다. 그래서 그 일꾼들의 아우성 소
리가 전능하신 주님의 귀에 들어갔습니
다(약 4:17; 5:1, 4).

___

___

2. 다음 영역에서 특별히 하나님의 공의와 사랑 원리를 생각하고 적용해야 할 내용은 어떤 것이 있을지 생각해보십시오.

   (1) 내가 주로 하는 일
   (2) 내가 속한 공동체(직장, 지역)
   (3) 우리 사회(특별히 소외된 사람들)
   (4) 우리 사회의 불의한 구조와 시스템
   (5) 우리가 살고 있는 세상의 자연, 생태계
   (6) 우리나라의 통일 문제
   (7) 전세계적인 불의와 잔인함

   * 169쪽의 표에 정리해보십시오.

함께 이야기 나누기(10분)

- 하나님의 원리인 공의와 사랑을 우리 삶과 세상에 적용해볼 때, 그 원리가 제대로 적용되지 않는 부분이나 주제(직장 윤리, 인권 등)가 특별히 떠오른다면 무엇입니까? 그러한 부분에 품으신 하나님의 뜻은 무엇일까요?

3
세상 경영의 방법: 노동

교재 읽기 《풍성한 삶의 기초》 436–444쪽
강의 듣기 〈10–B〉

하나님의 세상 경영 원리를 공부했으니, 이제 하나님의 세상 경영에 참여하는 방법을 배워봅시다. 사실 노동은 하나님이 세상을 창조한 섭리에 속하는 것입니다. 우리는 그 일로 어떻게 하나님의 영광을 드러낼지 고민해야 합니다. 하루 중 대부분의 시간을 보내는 이 일의 의미를 하나님 앞에서 제대로 찾는 것, 그래서 자신의 부르심을 선명하게 알아가는 것은 그 무엇보다 중요합니다.

1. 우리가 일하는 것은 단순히 먹고살기 위해서만이 아닙니다. 그 일을 통해 하나님의 세상 경영에 참여합니다. 하나님이 세상을 창조한 섭리의 관점에서 우리의 일은 어떤 의미가 있습니까? (시 104:19-23)

때를 가늠하도록 달을 지으시고, 해에게는 그 지는 때를 알려주셨습니다. 주님께서 어둠을 드리우시니, 밤이 됩니다. 숲 속의 모든 짐승은 이때부터 움직입니다. 젊은 사자들은 먹이를 찾으려고 으르렁거리며, 하나님께 먹이를 달라고 울부짖다가, 해가	여호와께서 달로 절기를 정하심이여 해는 그 지는 때를 알도다. 주께서 흑암을 지어 밤이 되게 하시니 삼림의 모든 짐승이 기어나오나이다. 젊은 사자들은 그들의 먹이를 쫓아 부르짖으며 그들의 먹이를 하나님께 구하다가 해가 돋으면 물러가서 그들의

뜨면 물러가서 굴에 눕고, 사람들은 일을 | 굴 속에 눕고 사람은 나와서 일하며 저녁
하러 나와서, 해가 저물도록 일합니다(시 | 까지 수고하는도다(시 104:19-23).
104:19-23).

_____

_____

2. 그러나 우리가 그리스도 안에 속하였다 할지라도, 우리 자신이 완전히 이 세상을 벗어나지는 못했기 때문에, 노동이 가져오는 부정적인 측면에서 벗어날 수 없습니다. 창세기 3장 17-19절에서는 그 부정적인 측면을 어떻게 설명합니까?

남자에게는 이렇게 말씀하셨다. "네가 아내의 말을 듣고서, 내가 너에게 먹지 말라고 한 그 나무의 열매를 먹었으니, 이제 땅이 너 때문에 저주를 받을 것이다. 너는 죽는 날까지 수고를 하여야만, 땅에서 나는 것을 먹을 수 있을 것이다. 땅은 너에게 가시덤불과 엉겅퀴를 낼 것이다. 너는 들에서 자라는 푸성귀를 먹을 것이다. 너는 흙에서 나왔으니, 흙으로 돌아갈 것이다. 그 때까지, 너는 얼굴에 땀을 흘려야 낟알을 먹을 수 있을 것이다. 너는 흙이니, 흙으로 돌아갈 것이다"(창 3:17-19). | 아담에게 이르시되 네가 네 아내의 말을 듣고 내가 네게 먹지 말라 한 나무의 열매를 먹었은즉 땅은 너로 말미암아 저주를 받고 너는 네 평생에 수고하여야 그 소산을 먹으리라. 땅이 네게 가시덤불과 엉겅퀴를 낼 것이라. 네가 먹을 것은 밭의 채소인즉 네가 흙으로 돌아갈 때까지 얼굴에 땀을 흘려야 먹을 것을 먹으리니 네가 그것에서 취함을 입었음이라. 너는 흙이니 흙으로 돌아갈 것이니라 하시니라(창 3:17-19).

(1) 우리는 _____ 한다.

(2) 노동에는 _____ 가 따른다.

(3) 수고가 있지만 _____.

4
노동하며 살아가기

교재 읽기 《풍성한 삶의 기초》 445–453쪽
강의 듣기 〈10–B〉

하나님과의 관계, 자신과의 관계, 공동체와의 관계가 기초가 되어 열매가 나타나는 곳은 바로 세상입니다. 좀 과장해서 이야기하자면, 교회 안에서는 배우고 익힌 다음, 실제로 그 내용을 실천으로 옮기는 곳은 우리 삶의 현장입니다. 거기서 우리의 일을 통해서 하나님의 영광을 드러내고, 그들과 다른 삶의 모습을 통해 '거룩한 호기심'을 불러일으키는 것, 이것이 우리 인생의 목적입니다.

1. 하나님이 우리 가운데서 일하시니, 우리는 세상을 살면서 각자를 향하신 하나님의 뜻을 따라 일해야 합니다. 빌립보서 2장 13절과 로마서 12장 1–2절은, 하나님이 우리의 노동에 뜻하신 바가 무엇인지 우리가 어떻게 분별하여야 한다고 말합니까?

> 하나님은 여러분 안에서 활동하셔서, 여러분으로 하여금 하나님을 기쁘게 해 드릴 것을 염원하게 하시고 실천하게 하시는 분입니다(빌 2:13).

> 너희 안에서 행하시는 이는 하나님이시니 자기의 기쁘신 뜻을 위하여 너희에게 소원을 두고 행하게 하시나니(빌 2:13).

> 형제자매 여러분, 그러므로 나는 하나님의 자비하심을 힘입어 여러분에게 권합니다. 여러분의 몸을 하나님께서 기뻐하실 거룩한 산 제물로 드리십시오. 이것이 여러분이 드릴 합당한 예배입니다. 여러분은 이 시대의 풍조를 본받지 말고, 마음을 새롭게 함으로 변화를 받아서, 하나님의 선하시고 기뻐하시고 완전하신 뜻이 무엇인지를 분별하도록 하십시오(롬 12:1-2).

> 그러므로 형제들아, 내가 하나님의 모든 자비하심으로 너희를 권하노니 너희 몸을 하나님이 기뻐하시는 거룩한 산 제물로 드리라. 이는 너희가 드릴 영적 예배니라. 너희는 이 세대를 본받지 말고 오직 마음을 새롭게 함으로 변화를 받아 하나님의 선하시고 기뻐하시고 온전하신 뜻이 무엇인지 분별하도록 하라(롬 12:1-2).

_____

_____

2. 골로새서 3:22-23에서는, 그렇기 때문에 우리는 일할 때 어떤 자세로 해야 한다고 말합니까?

> 종으로 있는 이 여러분, 모든 일에 육신의 주인에게 복종하십시오. 사람을 기쁘게 하는 자들처럼 눈가림으로 하지 말고, 주님을 두려워하면서, 성실한 마음으로 하십시오. 무슨 일을 하든지 사람에게 하듯이 하지 말고, 주님께 하듯이 진심으로 하십시오(골 3:22-23).

> 종들아 모든 일에 육신의 상전들에게 순종하되 사람을 기쁘게 하는 자와 같이 눈가림만 하지 말고 오직 주를 두려워하여 성실한 마음으로 하라. 무슨 일을 하든지 마음을 다하여 주께 하듯 하고 사람에게 하듯 하지 말라(골 3:22-23).

_____

_____

3. 이렇게 일할 때 어떤 결과가 나타납니까? 고린도전서 10장 31절과 마

태복음 5장 16절을 같이 읽어보십시오.

그러므로 여러분은 먹든지 마시든지, 무슨 일을 하든지, 모든 것을 하나님의 영광을 위하여 하십시오(고전 10:31).

그런즉 너희가 먹든지 마시든지 무엇을 하든지 다 하나님의 영광을 위하여 하라(고전 10:31).

이와 같이, 너희 빛을 사람에게 비추어서, 그들이 너희의 착한 행실을 보고, 하늘에 계신 너희 아버지께 영광을 돌리게 하여라(마 5:16).

이같이 너희 빛이 사람 앞에 비치게 하여 그들로 너희 착한 행실을 보고 하늘에 계신 너희 아버지께 영광을 돌리게 하라(마 5:16).

"그리스도인이 된다는 것은 하나님을 믿는다는 구실로,
세상으로부터 도피하는 것을 의미하지 않습니다.
그리스도인이 된다는 것은 하나님나라 백성이 되었기 때문에
주님이 오실 때 함께 세상을 다스릴 것을 믿고, 지금 이곳에서
그러한 다스림의 원리를 따라 사는 것을 의미합니다."

함께 이야기 나누기 (10분)

- 당신은 하루 대부분의 시간을 들이는 당신의 '일'을 하나님의 경영에 참여하는 것이라고 생각하면서 하고 있습니까? 그렇지 않았다면, 이제는 '왜' 그리고 '어떻게' 그러한 일을 하나님의 일로 보아야 할까요?

- 자신에게 맡겨진 일을 어떠한 자세로 하여야 하며, 또한 어떠한 결과를 기대하면서 해야 할까요?

함께 기도합시다 (5분)

"하나님 아버지, 우리가 하나님나라의 시민으로서 이 세상에서 살아갈 때, 하나님의 사랑과 공의를 배워, 그 사랑과 공의를 우리 삶의 터전에서 살아내고 드러내게 하옵소서. 깨진 세상을 바라보시는 하나님의 눈과 마음을 우리에게 회복하시고, 우리가 감당해야 할 일들을 행하게 도와주옵소서. 또한 깨진 세상을 회복하시려는 하나님의 뜻을 이루기 위해서 우리가 받은 능력과 은사를 따라 노동하여 하나님의 일하심에 동참하게 하옵소서."

MEMO

〈사랑과 공의의 원리를 삶의 원리로 삼은, 그리스도와 함께 살아가는 사람들의 관심사〉

영역	사랑과 공의의 입장에서 평가	내가 할 수 있는 일은?
내가 주로 하는 일과 관련해서		
내가 속한 공동체 (직장, 지역)와 관련해서		
우리 사회(특별히 소외된 사람들)와 관련해서		
우리 사회의 불의한 구조와 시스템		
우리가 살고 있는 세상의 자연, 생태계와 관련해서		
우리나라의 통일 문제와 관련해서		
전세계적인 불의와 잔인함과 관련해서		

※ 관심 영역을 추가해서 적용해보십시오.

과제물

1. 골로새서 3장 22-23절을 암송합시다. 하나님나라 백성으로 사는 사람들의 자세를 마음에 새겨봅시다.

2. 지금 당신이 하는 일은 무엇입니까? 그 일을 169쪽의 '사랑과 공의를 삶의 원리로 삼은, 그리스도와 함께 살아가는 사람들의 관심사' 항목들로 평가하고 그 내용을 정리해보십시오. (공의와 사랑이라는 관점에서, 나는 하나님이 맡기신 일을 하고 있다고 생각하는가? 어떤 면에서 그런가? 하나님나라를 드러내는 일인가? 나는 이 일에 어떤 자세로 참여하는가? 등) 그리고 각 항목에 대해 어떻게 하나님의 공의와 사랑을 드러낼 수 있을지 기도하면서 생각해보십시오.

3. 세상에서 하나님의 공의와 사랑으로 살아가기 위해서는 우리의 영적 기초가 든든해야 합니다. 우리 모두 10-10-10 훈련을 꾸준히 해나가, 하나님의 경영에 참여하는 자들이 됩시다.

	아침 기도 10분	성경 읽기 10분	밤 기도 10분
일(요일)			
일(요일)			
일(요일)			
일(요일)			
일(요일)			
일(요일)			
일(요일)			

도움이 되는 자료

《무례한 기독교》(리처드 마우, IVP)
《그리스도인과 일》(벤 패터슨, IVP)
《가난과 부》(헤르만 몰데즈, IVP)*

| VI부 |

그리스도에 이르기까지 자라가기
Growing unto Christ

열한 번째 만남 · 그리스도를 닮아가기
열두 번째 만남 · 그리스도를 기다리기

| 열한 번째 만남 |

그리스도를
닮아가기

우리는 사업을 할 수도 있고, 교사나 의사, 일용직 노동자, 목사나 선교사가 될 수도 있습니다. 하나님은 우리가 무엇이든지 할 수 있다고 말씀하십니다. 하지만 하나님은 우리가 무엇을 하느냐가 아니라 어떤 사람이 되느냐에 진정한 관심을 가지고 계십니다. 하나님은 우리를 하나님을 닮은 자로 빚어가시면서, 그렇게 변화되어가는 존재로서 우리 인생이 감당할 여러 가지 일들을 보여주십니다. 성경은 "자기를 창조하신 분의 형상을 따라 끊임없이 새로워지는 것"이 우리 삶의 목적이라고 말합니다. 그렇다면 우리는 어떻게 하나님의 형상을 입을 수 있을까요? 당연히 예수님이 가장 좋은 본을 선사하십니다. 이제 그분이 보여주신 본의 내용을 살펴보겠습니다.

함께 시작하면서 (10분)

- 골로새서 3장 22-23절을 암송합시다. 암송하면서 새롭게 깨달은 바가 있다면 나누어보십시오.

- 169쪽에 있는 표를 채우면서, 당신의 삶에서 하나님의 공의와 사랑이 드러나야 할 곳은 특히 어떤 부분이고 그 영역과 관련해서 당신이 할 수 있는 일은 무엇이라고 생각했는지 나누어봅시다.

- 당신은 어떻게 인생의 목적을 찾았고, 그 목적은 무엇입니까? 그 인생의 목적을 발견하는 데 가장 큰 영향을 준 것(사람, 책, 사건 등)은 무엇입니까?

1
인생의 목적을 어디서 찾을까

교재 읽기 《풍성한 삶의 기초》 458–468쪽
강의 듣기 〈11-A〉

인생의 목적을 어디에서 찾느냐가 그 사람의 인생을 좌우합니다. 많은 사람들은 돈·쾌락·재미·성공·가족·건강·세상의 정의 등에서 인생의 의미와 목적을 찾습니다. 하지만 세상 모든 것의 으뜸이시고, 우리를 만드시고, 우리를 사랑하시는 하나님이 우리에게 품으신 뜻이 무엇인지를 발견하는 것은 우리 인생의 목적을 설정하는 데 가장 중요한 좌표를 제공합니다.

1. '풍성한 삶의 기초' 훈련의 목적은, 하나님이 주시는 놀랍고 풍성한 삶에서 인생의 목적과 의미를 찾아 누리는 것입니다. 다음 성경 구절은 하나님이 우리를 향해 어떤 목적을 두고 계시다고 이야기합니까?

   (1) 마태복음 5장 48절

   > 그러므로 하늘에 계신 너희 아버지께서 완전하신 것같이, 너희도 완전하여라 (마 5:48).

   > 그러므로 하늘에 계신 너희 아버지의 온전하심과 같이 너희도 온전하라 (마 5:48).

   _____
   _____

(2) 에베소서 5장 1절

> 그러므로 여러분은 사랑을 받는 자녀답게, 하나님을 본받는 사람이 되십시오(엡 5:1).

> 그러므로 사랑을 입은 자녀같이 너희는 하나님을 본받는 자가 되고(엡 5:1).

_____

_____

(3) 골로새서 3장 10절

> 새 사람을 입으십시오. 이 새 사람은 자기를 창조하신 분의 형상을 따라 끊임없이 새로워져서, 참 지식에 이르게 됩니다(골 3:10).

> 새 사람을 입었으니 이는 자기를 창조하신 자의 형상을 좇아 지식에까지 새롭게 하심을 받는 자니라(골 3:10).

_____

_____

2. 예수님은 모든 면에서 우리의 모범이십니다. 누가복음 2장 52절은 예수님의 성장에 대해 무엇을 가르쳐줍니까?

> 예수는 지혜와 키가 자라고, 하나님과 사람에게 더욱 사랑을 받았다(눅 2:52).

> 예수는 지혜와 키가 자라가며 하나님과 사람에게 더욱 사랑스러워 가시더라(눅 2:52).

(1) 예수님이 성장한 영역: _____

_____

(2) 예수님이 성장한 모습: _____

_____

2

평생 예수님을 닮아가는 삶

교재 읽기 《풍성한 삶의 기초》 469–476쪽
강의 듣기 〈11–A〉

우리 신앙의 궁극적 목적이 예수님을 닮아가는 것이라면 일상에서도 예수님을 닮아가야 합니다. 그분을 닮아가는 것은 우리가 매일 살아가는 현장, 즉 바로 지금 여기에서 이루어집니다. 배우자와 아이들과 함께 생활하는 가정에서, 일하는 직장에서, 공부하는 교실에서, 친구들과 만나는 장소에서, 바로 그곳에서 우리는 예수님을 닮아갑니다.

1. 우리 그리스도인들이 바라보는 성장의 목표는 무엇입니까? 또 구체적으로 어떻게 성장하게 되나요?(엡 4:13)

그리하여 우리 모두가 하나님의 아들을 믿는 일과 아는 일에 하나가 되고, 온전한 사람이 되어서, 그리스도의 충만하심의 경지에까지 다다르게 됩니다(엡 4:13).

우리가 다 하나님의 아들을 믿는 것과 아는 일에 하나가 되어 온전한 사람을 이루어 그리스도의 장성한 분량이 충만한 데까지 이르리니(엡 4:13).

2. 결국 우리가 이것을 통해서 종국적으로 추구하는 바는 무엇일까요? (시 42:1-2)

> 하나님, 사슴이 시냇물 바닥에서 물을 찾아 헐떡이듯이, 내 영혼이 주님을 찾아 헐떡입니다. 내 영혼이 하나님, 곧 살아계신 하나님을 갈망하니, 내가 언제 하나님께로 나아가 그 얼굴을 뵈올 수 있을까? (시 42:1-2)

> 하나님이여, 사슴이 시냇물을 찾기에 갈급함같이 내 영혼이 주를 찾기에 갈급하니이다. 내 영혼이 하나님 곧 살아 계시는 하나님을 갈망하나니 내가 어느 때에 나아가서 하나님의 얼굴을 뵈올까 (시 42:1-2).

3. 우리가 살아 있는 동안도 하나님의 임재를 찾지만, 우리는 온전히 하나님 앞에 서게 될 날을 기다립니다. 언제 이런 놀라운 일이 일어나는지 요한일서 3장 2-3절에서 살펴봅시다.

> 사랑하는 여러분, 이제 우리는 하나님의 자녀입니다. 앞으로 우리가 어떻게 될지는 아직 밝혀지지 않았습니다만, 그리스도께서 나타나시면, 우리도 그와 같이 될 것임을 압니다. 그때에 우리가 그를 참모습대로 뵙게 될 것이기 때문입니다. 그에게 이런 소망을 두는 사람은 누구나, 그가 깨끗하신 것과 같이 자기를 깨끗하게 합니다 (요일 3:2-3).

> 사랑하는 자들아, 우리가 지금은 하나님의 자녀라. 장래에 어떻게 될지는 아직 나타나지 아니하였으나 그가 나타나시면 우리가 그와 같을 줄을 아는 것은 그의 참모습 그대로 볼 것이기 때문이니 주를 향하여 이 소망을 가진 자마다 그의 깨끗하심과 같이 자기를 깨끗하게 하느니라 (요일 3:2-3).

함께 이야기 나누기 (10분)

- 우리 삶의 목적이 예수님을 닮아가는 것입니까? 당신은 예수님을 닮아가고 있는지에 얼마나 관심이 있습니까, 아니면 특정한 영적 단계나 신앙 단계에 이르는 것에 관심이 있습니까?

- 우리가 성장하기 위해서 가장 중요한 것이 있다면, 무엇이라고 생각합니까?

MEMO

3
가장 중요한 성장 원리: 믿음

교재 읽기 《풍성한 삶의 기초》 477–492쪽
강의 듣기 〈11–B〉

사람들은 예수님을 닮아가는 일을 오해하여 영적 체험, 자기 훈련, 종교 행사 같은 종교적 영역에 헌신합니다. 그러나 우리를 향하신 하나님의 궁극적 목적을 이루기 위하여 우리에게 가장 중요한 것은 믿음입니다. 하나님이 우리에게 어떠한 일을 이루셨는지를 이해하고 그것을 전인격적으로 받아들이는 것이 믿음입니다. 그 믿음의 원리를 배워보겠습니다.

1. 예수님이 온전하게 이루신 일을 믿음으로 우리가 얻는 것은 무엇입니까?

   (1) _____ (롬 3:24-25)

그러나 사람은, 그리스도 예수 안에서 이루는 구원으로 말미암아, 하나님의 은혜로 값없이 의롭다는 선고를 받습니다. 하나님께서는 이 예수를 속죄제물로 내주셨습니다. 그것은 그의 피를 믿을 때에 유효	그리스도 예수 안에 있는 속량으로 말미암아 하나님의 은혜로 값없이 의롭다 하심을 얻은 자 되었느니라 이 예수를 하나님이 그의 피로써 믿음으로 말미암아 화목제물로 세우셨으니 이는 하나님께

하니다. 하나님께서 이렇게 하신 것은, 서 길이 참으시는 중에 전에 지은 죄를
사람들이 이제까지 지은 죄를 너그럽게 간과하심으로 자기의 의로우심을 나타
보아주심으로써 자기의 의를 나타내시 내려 하심이니(롬 3:24-25).
려는 것이었습니다(롬 3:24-25).

(2) _____ (롬 5:1-2)

그러므로 우리는 믿음으로 의롭다 하심 그러므로 우리가 믿음으로 의롭다 하심
을 받았으므로, 우리 주 예수 그리스도로 을 받았으니 우리 주 예수 그리스도로 말
말미암아 하나님과 더불어 평화를 누리 미암아 하나님과 화평을 누리자. 또한 그
고 있습니다. 우리는 또한, 그리스도로 로 말미암아 우리가 믿음으로 서 있는 이
말미암아 지금 서 있는 은혜의 자리에 은혜에 들어감을 얻었으며 하나님의 영
[믿음으로] 나아오게 되었으며, 하나님 광을 바라고 즐거워하느니라(롬 5:1-2).
의 영광에 이르게 될 소망을 품고 자랑을
합니다(롬 5:1-2).

(3) _____ (롬 1:17; 고후 5:7)

하나님의 의가 복음 속에 나타납니다. 이 복음에는 하나님의 의가 나타나서 믿음
일은 오로지 믿음에 근거하여 일어납니 으로 믿음에 이르게 하나니 기록된 바 오
다. 이것은 성경에 기록한 바 "의인은 믿 직 의인은 믿음으로 살리라 함과 같으니
음으로 살 것이다" 한 것과 같습니다(롬 라(롬 1:17).
1:17).

우리는 믿음으로 살아가지, 보는 것으로 이는 우리가 믿음으로 행하고 보는 것으
살아가지 아니합니다(고후 5:7). 로 행하지 아니함이로라(고후 5:7).

2. 앞에서 믿음은 하나님이 하신 일에 전인격으로 반응하는 것이라고 정의
한 바 있습니다. 그렇다면 이러한 믿음에는 어떤 특징이 있을까요?(살전

1:3; 약 2:17)

또 우리는 하나님 우리 아버지 앞에서 여러분의 믿음의 행위와 사랑의 수고와 우리 주 예수 그리스도께 둔 소망을 굳게 지키는 인내를 언제나 기억하고 있습니다(살전 1:3).

너희의 믿음의 역사와 사랑의 수고와 우리 주 예수 그리스도에 대한 소망의 인내를 우리 하나님 아버지 앞에서 끊임없이 기억함이니(살전 1:3).

이와 같이 믿음에 행함이 따르지 않으면, 그 자체만으로는 죽은 것입니다(약 2:17).

이와 같이 행함이 없는 믿음은 그 자체가 죽은 것이라(약 2:17).

MEMO

4
믿음으로 훈련하기

교재 읽기 《풍성한 삶의 기초》 493–503쪽
강의 듣기 〈11–B〉

우리가 하나님의 뜻을 알았다면 그대로 행할 뿐만 아니라, 그것이 제2의 천성이 될 때까지 연습하고 훈련해야 합니다. 우리의 몸은 예수님을 알기 전에 우리를 지배했던 육신의 정욕에 익숙해져 있기 때문입니다. 이제 새롭게 변화된 신분에 걸맞은 모습이 되기 위해 일상에서 얼마나 분투해야 하는지, 또 성경은 이런 면에서 어떤 도움이 되는지 살펴보겠습니다.

1. 믿음을 우리 삶의 원리로 삼기 위해서 우리가 해야 할 것이 있다면 무엇입니까? (빌 4:9; 딤전 4:7)

그리고 여러분은 나에게서 배운 것과 받은 것과 듣고 본 것들을 실천하십시오. 그리하면 평화의 하나님께서 여러분과 함께하실 것입니다(빌 4:9).

너희는 내게 배우고 받고 듣고 본 바를 행하라. 그리하면 평강의 하나님이 너희와 함께 계시리라(빌 4:9).

저속하고 헛된 꾸며낸 이야기들을 물리치십시오. 경건함에 이르도록 몸을 훈련하십시오(딤전 4:7).

망령되고 허탄한 신화를 버리고 경건에 이르도록 네 자신을 연단하라(딤전 4:7).

이때 영적 지도자는 어떤 역할을 합니까?

2. 하나님이 어떤 분이고, 어떤 일을 하셨는지를 알 수 있게 도와주는 것이 바로 성경입니다. 디모데후서 3장 17절은 성경에 어떤 유익이 있다고 말합니까?

| 성경은 하나님의 사람을 유능하게 하고, 그에게 온갖 선한 일을 할 수 있게 하는 것입니다(딤후 3:17). | 이는 하나님의 사람으로 온전하게 하며 모든 선한 일을 행할 능력을 갖추게 하려 함이라(딤후 3:17). |

"우리의 궁극적인 목적은 그리스도를 닮는 것입니다.
교회에서뿐 아니라, 우리 삶의 현장에서 예수님처럼 되어가야 합니다.
이를 위해서 우리는 성경에서 이야기하는 바들을 잘 이해하고 믿고 자꾸 연습해서
삶에서 드러냄으로써 예수님을 닮아가는 인생을 살아야겠습니다."

함께 이야기 나누기 (10분)

- 당신은 하나님이 당신을 위해서 하신 일 가운데 특별히 무엇을 믿습니까? 하나님과의 관계, 자신과의 관계, 공동체와의 관계, 세상과의 관계에서, 하나님은 당신을 위해서 어떤 일을 하셨습니까? 당신이 그것을 진정으로 믿어 믿음이 역사하고 있습니까?

함께 기도합시다 (5분)

"하나님 아버지, 우리 인생의 목적이 예수님을 닮아가는 일임을 선명히 깨닫게 하여주옵소서. 우리 속에 하나님의 형상이 회복되는 것이 평생의 소원이 되게 하시고, 이를 위해서 하나님이 우리를 위해서 하신 일들을 선명하게 알고, 그 깨달은 내용을 전인격적인 믿음으로 받아들일 수 있도록 도와주옵소서. 믿음으로 받아들였기에, 우리로 하여금 이 놀라운 진리가 나의 인격과 인생이 될 때까지 훈련하겠사오니, 우리를 도와주옵소서."

MEMO

과제물

1. 에베소서 4장 13절을 암송하십시오.

2. 10-10-10 훈련은 우리가 무엇을 믿고, 어떻게 믿음이라는 원리를 우리 삶에 적용할지를 훈련하는 기초 중의 기초입니다. 이번 주에도 이 귀한 훈련을 연습합시다.

		아침 기도 10분	성경 읽기 10분	밤 기도 10분
일(	요일)			
일(	요일)			
일(	요일)			
일(	요일)			
일(	요일)			
일(	요일)			
일(	요일)			

3. 다음 면에 있는 표로 '풍성한 삶의 기초'의 6부를 정리해보십시오. 기억하십시오. 그저 머리로 배우는 것은 아무 의미가 없습니다. 작은 것이라도 삶에 적용하여 보십시오.

도움이 되는 자료

《영적 훈련과 성장》(리처드 포스터, 생명의말씀사)
《일상, 하나님의 신비》(마이클 프로스트, IVP)
《그리스도를 본받아》(토마스 아 켐피스, 포이에마)

	내가 배운 가장 중요한 진리	내 삶에 바로 적용할 수 있는 것	가까운 장래에 적용할 수 있는 것
제1부 그리스도 안에 있는 새로운 피조물인 나			
제2부 그리스도를 통한 하나님과의 인격적인 관계			
제3부 그리스도를 의지한 자기 사랑			
제4부 그리스도의 다스림 아래에서 살아가는 공동체			
제5부 그리스도와 함께하는 세상살이			
제6부 그리스도에 이르기까지 자라가기			

| 열두 번째 만남 |

그리스도를
기다리기

진정한 하나님나라 백성은 그 나라의 완전한 도래를 기다리면서 삶의 모든 영역에서 예수를 구체적으로 닮아가기 위해 힘씁니다. 이를 위해 성령님의 인도하심을 구체적으로 구하고, 세밀한 계획과 강도 높은 훈련을 지속합니다. 그런데 정기적으로 삶을 평가하고 다시 계획하기 위해서는 인생의 목적과 단기 목표를 가질 필요가 있습니다. 《풍성한 삶의 기초》의 마지막 과제가 바로 이것입니다. 이제 개인적으로 다음 세대에 진정한 영적 모범이 되며, 많은 찾는이들에게 하나님을 향한 디딤돌이 되어주십시오. 나아가 공동체가 행할 선한 일을 찾아 힘쓰며, 하나님의 다스리심을 선포하고, 완성될 하나님나라를 기다립시오. 이것이 '풍성한 삶'입니다.

함께 시작하면서 (10분)

- 에베소서 4장 13절을 암송합시다. 암송하면서 새롭게 깨달은 바가 있다면 나누어보십시오.

- 185쪽을 써보면서 풍성한 삶의 기초를 쌓고 성장하는 그리스도인으로서 당신이 배운 가장 중요한 진리를 이야기한다면, 그것은 무엇이고, 어떻게 우리 삶에 적용할 수 있을까요?

- 그리스도인의 삶에서 균형이 중요한 이유는 무엇일까요?

1
'그리스도 안에 있는 풍성한 삶'의 청사진

교재 읽기 《풍성한 삶의 기초》 506–519쪽
강의 듣기 〈12–A〉

우리는 이제 《풍성한 삶의 기초》의 마지막 만남에 이르렀습니다. 이 만남을 함께 공부하면 이 훈련이 끝이 납니다. 그러나 진정한 의미에서 이제부터 시작입니다. 지금까지 배운 내용을 마음속에 새기고 실제로 드러내는 삶이 이제 본격적으로 시작되기 때문입니다. 이번 만남에서는 이러한 새로운 시작을 위해서 우리에게 꼭 필요한 내용을 함께 살펴보겠습니다.

1. 많은 그리스도인들이 영적인 경험을 했다고 주장하고, 또 '제자훈련'이나 어떤 훈련 과정을 이수했다고 주장합니다. 그렇지만 그 사람들의 삶에서 그리스도의 향기와 성령의 열매가 나타나지 못할 때가 많습니다. 그 이유가 뭘까요?

   첫 번째는 _____
   두 번째는 _____
   세 번째는 _____

2. 우리는 '풍성한 삶의 기초'를 배우면서 성경이 얼마나 균형 있는 성장을 가르치는지를 배웠습니다. 지금까지 배운 내용을 한번 정리해보십시오. 각각의 주제에 대해 중요한 키워드를 중심으로 정리해보십시오.

   (1) 첫 번째, 두 번째 만남:

   _____

   _____

   (2) 세 번째, 네 번째 만남:

   _____

   _____

   (3) 다섯 번째, 여섯 번째 만남:

   _____

   _____

   (4) 일곱 번째, 여덟 번째 만남:

   _____

   _____

   (5) 아홉 번째, 열 번째 만남:

   _____

   _____

   (6) 열한 번째, 열두 번째 만남:

   _____

   _____

2
하나님나라의 계보를 잇는 공동체

교재 읽기 《풍성한 삶의 기초》 520–530쪽
강의 듣기 〈12–A〉

하나님나라 복음 전수가 왜 그렇게 중요할까요? 기독교 역사의 명맥은 어느 조직이나 교파, 권력이나 학파가 아니라 하나님나라 복음을 자신의 인격과 삶으로 녹여내어 전수한 사람들에 의해서 이어져왔습니다. 사도 바울이 자신으로부터 영적인 4세대를 바라보며 디모데에게 복음을 전수하였던 것처럼, 복음을 살고 전달한 사람들이 있었기에 기독교 역사가 지금에 이르게 되었습니다.

1. 이렇게 균형 있는 믿음이 가장 건강하게 자라고 전수되는 환경은 건강한 공동체입니다. 다음 성경 구절들은 이와 관련해서 무엇을 가르칩니까?

   (1) 에베소서 4:13

   > 그리하여 우리 모두가 하나님의 아들을 믿는 일과 아는 일에 하나가 되고, 온전한 사람이 되어서, 그리스도의 충만하심의 경지에까지 다다르게 됩니다(엡 4:13).

   > 우리가 다 하나님의 아들을 믿는 것과 아는 일에 하나가 되어 온전한 사람을 이루어 그리스도의 장성한 분량이 충만한 데까지 이르리니(엡 4:13).

(2) 베드로전서 1:22

여러분은 진리에 순종함으로 영혼을 정결하게 하여서 꾸밈없이 서로 사랑하기에 이르렀으니, [순결한] 마음으로 서로 뜨겁게 사랑하십시오(벧전 1:22).

너희가 진리를 순종함으로 너희 영혼을 깨끗하게 하여 거짓이 없이 형제를 사랑하기에 이르렀으니 마음으로 뜨겁게 서로 사랑하라(벧전 1:22).

(3) 고린도전서 11:1

내가 그리스도를 본받는 사람인 것과 같이, 여러분은 나를 본받는 사람이 되십시오(고전 11:1).

내가 그리스도를 본받는 자 된 것같이 너희는 나를 본받는 자가 되라(고전 11:1).

2. 하나님나라 복음 공동체의 궁극적 목적이 무엇인지 다음 구절을 통해서 정리해보십시오.

(1) 에베소서 2:7

그것은, 하나님께서 그리스도 예수 안에서 우리에게 자비로 베풀어주신 그 은혜가 얼마나 풍성한지를 장차 올 모든 세대에게 드러내 보이시기 위함입니다(엡 2:7).

이는 그리스도 예수 안에서 우리에게 자비하심으로써 그 은혜의 지극히 풍성함을 오는 여러 세대에 나타내려 하심이라(엡 2:7).

(2) 디모데후서 2:2

그대가 많은 증인을 통하여 나에게서 들은 것을 믿음직한 사람들에게 전수하십시오. 그리하면 그들이 다른 사람들을 또한 가르칠 수 있을 것입니다(딤후 2:2).

또 내가 많은 증인 앞에서 내게 들은 바를 충성된 사람들에게 부탁하라. 그들이 또 다른 사람들을 가르칠 수 있으리라(딤후 2:2).

함께 이야기 나누기 (10분)

- 균형 잡힌 그리스도인의 삶이란 어떤 삶을 이야기합니까? 여섯 가지 영역에 대하여 이야기하고, 각각의 영역에서 중요한 개념은 무엇인지, '믿음'이 이 모든 영역에서 어떤 역할을 하는지 이야기해봅시다.

- 균형 잡힌 그리스도인의 삶을 함께 훈련하고 배울 수 있는 공동체가 있다는 것이 당신에게는 어떤 의미가 있습니까?

3
하나님나라 백성을 이끄시는 성령님

교재 읽기 《풍성한 삶의 기초》 531–539쪽
강의 듣기 〈12–B〉

좋은 영적 선배를 찾기가 쉽지 않고, 사람들이 자연스럽게 성장할 수 있는 건강한 공동체를 찾기란 그보다 더 어려운 것이 한국교회의 현실입니다. 균형 있게 성장하는 그리스도인과 건강한 공동체들이 세워지기에는 우리의 상황이 너무 열악하다는 생각이 듭니다. 그러나 초대교회를 보면, 우리보다 더 척박한 상황에서도 주님을 따라가는 귀한 믿음의 선배들이 있었습니다. 그 이유는 무엇일까요?

1. 우리는 다음 구절들에서 우리 가운데서 일하시는 성령님에 대해서 무엇을 배울 수 있나요?

    (1) 요한복음 14:16

    > 내가 아버지께 구하겠다. 그리하면 아버지께서 다른 보혜사를 너희에게 보내셔서, 영원히 너희와 함께 계시게 하실 것이다(요 14:16).

    > 내가 아버지께 구하겠으니 그가 또 다른 보혜사를 너희에게 주사 영원토록 너희와 함께 있게 하리니(요 14:16).

    _____

    _____

(2) 요한복음 16:13

그러나 그분 곧 진리의 영이 오시면, 그가 너희를 모든 진리 가운데로 인도하실 것이다. 그는 자기 마음대로 말씀하지 않으시고, 듣는 것만 일러주실 것이요, 앞으로 올 일들을 너희에게 알려주실 것이다(요 16:13).	그러나 진리의 성령이 오시면 그가 너희를 모든 진리 가운데로 인도하시리니 그가 스스로 말하지 않고 오직 들은 것을 말하며 장래 일을 너희에게 알리시리라 (요 16:13).

_____
_____

(3) 에베소서 1:13-14

여러분도 그리스도 안에서 진리의 말씀 곧 여러분을 구원하는 복음을 듣고서 그리스도를 믿었으므로, 약속하신 성령의 날인을 받았습니다. 이 성령은, 하나님의 소유인 우리가 완전히 구원받을 때까지 우리의 상속의 담보이시며, 우리로 하여금 하나님의 영광을 찬미하게 하십니다 (엡 1:13-14).	그 안에서 너희도 진리의 말씀 곧 너희의 구원의 복음을 듣고 그 안에서 또한 믿어 약속의 성령으로 인치심을 받았으니 이는 우리 기업의 보증이 되사 그 얻으신 것을 속량하시고 그의 영광을 찬송하게 하려 하심이라(엡 1:13-14).

_____
_____

2. 성령님은 또한 하나님나라 백성 공동체인 교회를 이끌어가시는 분입니다. 성령님은 이 영역에서 어떻게 일하시나요?

(1) 에베소서 2:22

그리스도 안에서 여러분도 함께 세워져서 하나님이 성령으로 거하실 처소가 됩니다(엡 2:22).

너희도 성령 안에서 하나님이 거하실 처소가 되기 위하여 그리스도 예수 안에서 함께 지어져 가느니라(엡 2:22).

___

(2) 에베소서 1:23

교회는 그리스도의 몸이요, 만물 안에서 만물을 충만케 하시는 분의 충만함입니다(엡 1:23).

교회는 그의 몸이니 만물 안에서 만물을 충만하게 하시는 이의 충만함이니라(엡 1:23).

___

(3) 에베소서 4:30

하나님의 성령을 슬프게 하지 마십시오. 여러분은 성령 안에서 구속의 날을 위하여 인치심을 받았습니다(엡 4:30).

하나님의 성령을 근심하게 하지 말라. 그 안에서 너희가 구원의 날까지 인치심을 받았느니라(엡 4:30).

___

4
하나님나라의 도래를 기다리는 삶

교재 읽기 《풍성한 삶의 기초》 540–551쪽
강의 듣기 〈12-B〉

많은 그리스도인들이 하나님나라가 임하는 것을 기다리지 않습니다. 주기도문의 두 번째 기도가 "하나님나라가 임하게 하옵소서"이지만, 진정으로 그 나라의 도래를 기다리며 살아가는 그리스도인들은 극소수처럼 보입니다. 그러나 하나님나라 백성은 그 나라의 완전한 도래를 기다려야 합니다. 그렇다면 아직 임하지 않은 하나님나라를 기다리며 살아가는 그리스도인의 삶은 어떤 모습일까요?

1. 로마서 8장 22-26절을 읽어보고, 우리가 사는 세상의 신음 소리에 귀를 기울여보십시오. 또 자신의 신음 소리는 무엇인지도 깊이 생각해보고 함께 이야기 나누어보십시오.

> 모든 피조물이 이제까지 함께 신음하며, 함께 해산의 고통을 겪고 있다는 것을, 우리는 압니다. 그뿐만 아니라, 첫 열매로서 성령을 받은 우리도 자녀로 삼아주실 것을, 곧 우리 몸을 속량하여주실 것을 고대하면서, 속으로 신음하고 있습니다. 우리는
>
> 피조물이 다 이제까지 함께 탄식하며 함께 고통을 겪고 있는 것을 우리가 아느니라. 그뿐 아니라 또한 우리 곧 성령의 처음 익은 열매를 받은 우리까지도 속으로 탄식하여 양자 될 것 곧 우리 몸의 속량을 기다리느니라. 우리가 소망으로 구원을 얻었으매

이 소망으로 구원을 얻었습니다. 눈에 보이는 소망은 소망이 아닙니다. 보이는 것을 누가 바라겠습니까? 그러나 우리가 보이지 않는 것을 바라면, 참으면서 기다려야 합니다. 이와 같이, 성령께서도 우리의 약함을 도와주십니다. 우리는 어떻게 기도해야 할지도 알지 못하지만, 성령께서 친히 이루 다 말할 수 없는 탄식으로, 우리를 대신하여 간구하여주십니다(롬 8:22-26).

보이는 소망이 소망이 아니니 보는 것을 누가 바라리요. 만일 우리가 보지 못하는 것을 바라면 참음으로 기다릴지니라. 이와 같이 성령도 우리의 연약함을 도우시나니 우리는 마땅히 기도할 바를 알지 못하나 오직 성령이 말할 수 없는 탄식으로 우리를 위하여 친히 간구하시느니라(롬 8:22-26).

2. 다음 성경구절들은 소망을 품은 삶에 대해 어떻게 가르치고 있나요?

(1) 요한일서 3:2-3

사랑하는 여러분, 이제 우리는 하나님의 자녀입니다. 앞으로 우리가 어떻게 될지는 아직 밝혀지지 않았습니다만, 그리스도께서 나타나시면, 우리도 그와 같이 될 것임을 압니다. 그때에 우리가 그를 참모습대로 뵙게 될 것이기 때문입니다. 그에게 이런 소망을 두는 사람은 누구나, 그가 깨끗하신 것과 같이 자기를 깨끗하게 합니다(요일 3:2-3).

사랑하는 자들아 우리가 지금은 하나님의 자녀라. 장래에 어떻게 되는 아직 나타나지 아니하였으나 그가 나타나시면 우리가 그와 같을 줄을 아는 것은 그의 참모습 그대로 볼 것이기 때문이니 주를 향하여 이 소망을 가진 자마다 그의 깨끗하심과 같이 자기를 깨끗하게 하느니라 (요일 3:2-3)

(2) 에베소서 2:10

| 우리는 하나님의 작품입니다. 선한 일을 하게 하시려고, 하나님께서 그리스도 예수 안에서 우리를 만드셨습니다. 하나님께서 이렇게 미리 준비하신 것은, 우리가 선한 일을 하며 살아가게 하시려는 것입니다(엡 2:10). | 우리는 그가 만드신 바라. 그리스도 예수 안에서 선한 일을 위하여 지으심을 받은 자니 이 일은 하나님이 전에 예비하사 우리로 그 가운데서 행하게 하려 하심이니라(엡 2:10). |

_____

(3) 요한계시록 22:20

| 이 모든 계시를 증언하시는 분이 이렇게 말씀하셨습니다. "그렇다. 내가 곧 가겠다." 아멘. 오십시오, 주 예수님!(계 22:20) | 이것들을 증언하신 이가 이르시되 내가 진실로 속히 오리라 하시거늘 아멘. 주 예수여, 오시옵소서(계 22:20). |

_____

3. 정기적으로 삶을 평가하고 다시 계획하기 위해서는 인생의 목적과 단기간의 목표를 가질 필요가 있습니다. 기도하며 성령님의 인도하심을 받으면서 나의 인생을 계획하여 봅시다. 자신의 인생 목적과 단기 계획(3개월)을 정리해봅시다.

   (1) _____의 인생 목적: _____

   _____

(2) 단기 계획

* 하나님과의 관계:

* 자신과의 관계:

* 공동체와의 관계:

* 세상과의 관계:

함께 이야기 나누기 (10분)

- 당신은 하나님나라를 기다리며 살아가십니까? "속히 오시겠다"는 예수님의 말씀이 당신에게는 어떤 소망이 됩니까? 우리 신앙이 종말론적 신앙으로 더욱 온전해지기 위해서 서로서로 어떻게 격려할지 이야기해보십시오.

- 자신의 인생 목적과 단기 계획(3개월)을 정리한 내용을 함께 읽어보고, 서로를 위해 기도해줍시다.

함께 기도합시다 (5분)

"하나님 아버지, 지금까지의 훈련을 통해서 우리는 '그리스도 안에 있는 풍성한 삶'의 청사진을 갖게 되었습니다. 이제 우리의 공동체에서 믿음이 지속적이고 균형 있게 성장하도록 하옵시고, 또한 주변 사람들과 다음 세대에 하나님나라의 복음을 전수하게 하옵소서. 이를 위해 우리 안에 계시며 인도하시는 성령님을 의지하게 하시고, 주님이 오셔서 세상을 온전하게 회복하실 날을 기다리며, 그때까지 우리 자신과 우리 공동체가 세상을 회복하는 하나님의 역사에 참여하게 하옵소서."

과제물

1. 요한복음 16장 13절을 암송하십시오.

2. 10-10-10 훈련은 우리가 하나님을 알아가고 성령님께 민감하기 위한 첫걸음과 같은 훈련입니다. 이 훈련이 제2의 천성이 될 때까지 꾸준히 연습합시다.

	아침 기도 10분	성경 읽기 10분	밤 기도 10분
일(요일)			
일(요일)			
일(요일)			
일(요일)			
일(요일)			
일(요일)			
일(요일)			

3. 각자 세운 계획을 석 달 뒤에 다시 만나 함께 나누고 또 새로운 계획을 세웁시다. 석 달 뒤에 언제, 어디서 만날지 함께 계획한 다음, 선한 싸움을 싸울 수 있도록 서로 정기적으로 격려해주십시오.

도움이 되는 자료

《제자도》(데이비드 왓슨, 생명의말씀사)
《잊혀진 제자도》(달라스 윌라드, 복있는사람)

MEMO

| 부록 |

풍성한 삶? 풍성한 삶!
Abundant Life? Abundant Life!

우리를 향하신 하나님의 원래 계획
오늘날 우리 현실
하나님의 해결 방법
우리의 반응

| 부록 1 |

풍성한 삶?
풍성한 삶!

> 내가 온 것은 양으로 생명을 얻게 하고 더욱 풍성히 얻게 하려는 것이라(요 10:10).

《풍성한 삶의 기초》 제자훈련은 요한복음 10장 10절의 앞부분에 있는 "생명을 얻고"라는 부분이 명확한 사람들을 위해서 만들어진 교재입니다. 자신이 생명을 얻었다는 것이 선명하게 이해되지 않는다면, 그 다음에 나오는 "풍성하게 얻게 된다"는 의미를 발견해나가는 모험과 훈련은 무의미할 수밖에 없습니다. 실제로 저는 주변에 있는 그리스도인들, 교회에 다닌다고 하는 이들, 기독교적 문화에 익숙한 사람들을 수없이 만나면서, 그 사람들 가운데 풍성한 삶의 근본이 되는 생명이 없다는 사실을 발견한 때가 적지 않았습니다. 교회를 다니고 기독교 문화에 익숙하지만 그들 속에 생명이 없기 때문에 더욱 풍성한 삶에 대해 이야기해도 그 삶으로 발전할 수 없는 그런 안타까운 사람들을 많이 만났습니다.

그래서 《풍성한 삶의 기초》를 통해 그 생명을 더욱 풍성히 얻는 훈련을 시작하기 전에, 먼저 우리가 생명을 어떻게 얻게 되었는가, 과연 그 생명이 우리 속에 존재하고 있는가, 그 생명을 얻었다는 것은 무엇을 의미하는가 하는 근본적인 내용들을 살펴보려고 합니다. 이것은 도의 초보입니다. 그러나 초보라고 해서 가볍게 여겨서는 안 됩니다. 오히려 우리가 믿는 바의 근본이며, 예수님이 가르치신 가장 본질적이고 중심적인 메시지를 선명하게 하는 것이 꼭 필요합니다.

성경의 가르침은 하나님이 인간을 창조하실 때 원래 가지고 계셨던 계획이 무엇인지, 그런데 왜 이러한 계획이 깨지게 되었는지, 이를 회복하기 위해서 하나님이 어떤 일을 하셨고, 우리는 이에 대해 무엇을 해야 하는지로 요약할 수 있습니다. 무엇보다 먼저 우리가 알아야 것은 우리를 향하신 하나님의 원래 계획이 무엇이었는가 하는 것입니다.

우리를 향하신 하나님의 원래 계획

하나님이 우리 인간들을 위해서, 우리 모두를 위해서 원래 가지고 계셨던 계획은 무엇일까요?

첫 번째로, **하나님은 우리 각자가 하나님과 인격적 관계를 맺도록 만드셨다고 성경은 말합니다.** 하나님과의 관계, 하나님과 인격적 관계를 맺도록 하나님은 우리를 창조하셨습니다. 이것은 성경에서 가르치는 매우 독특한 사상입니다. 인격적인 하나님이 계셔서 그분이 우리를 인격적으로 만드시고, 하나님과 인간 사이에 인격적 관계를 누리도록 하셨다는 것입니다. 즉 인간은 하나님과 관계를 맺도록 만들어진 유일한 피조물입니다.

성경에서는 그것을 인간만이 소유한 영혼으로 표현하기도 합니다. 우리가 좋아하는 강아지들도 사람 못지않게 참 사랑스럽지만, 불행하게도 그 강아지들에게는 영혼이 없습니다. 강아지는 하나님을 만나서 교제할 수 없습니다. 영혼이 있다는 것은 인간에게만 있는 아주 독특한 특징입니다.

그런데 인간은 하나님과 얼마나 깊은 관계를 맺을 수 있을까요? 구약 성경 스바냐 3장 17절은 하나님이 이스라엘을 향해서 얼마나 놀라운 사랑을 가지고 계신가를 보여주는 성경 구절인데요. 이 말씀은 우리 인간 모두에게 적용할 수 있습니다.

> 너의 하나님 여호와가 너의 가운데에 계시니 그는 구원을 베푸실 전능자이시라. 그가 너로 말미암아 기쁨을 이기지 못하시며 너를 잠잠히 사랑하시며 너로 말미암아 즐거이 부르며 기뻐하시리라 하리라(개역개정).

이 시를 보면 하나님이 인간을 얼마나 사랑하시는지를 느낄 수 있습니다. 하나님은 "너의 가운데 계시고" "구원을 베풀어주시는" 분이시며 "너로 인하여 기쁨을 이기지 못한다"고 하십니다. 여러분은 누군가로 인하여 기쁨을 이기지 못하신 적이 있습니까? 데이트를 막 시작했을 때, 또 갓 태어난 아기가 자라기 시작할 때 아마 그런 경험을 하실 것입니다. 그런데 데이트도 좀 하다 보면 달라지고, 아이도 좀 크다 보면 달라지곤 합니다. 그런데 하나님은 잠깐이 아니라 처음부터 끝까지 우리를 향해 기쁨을 이기지 못하신다고 합니다.

또 하나님이 우리를 "잠잠히 사랑하신다"고 이야기합니다. 잠잠히 사랑한다는 것이 느껴지십니까? 하나님은 잠잠하게 속 깊은 사랑을 하신답니다. 또한 "너로 인하여 즐거이 부르신다"고 하십니다. 우리의 이름을 부르십니다. "○○야, 내 사랑하는 ○○야" 하고 부르십니다. 그러면서 기뻐하신답니다. 성경은 인간이 하나님과 이런 관계를 맺도록 만들어졌다고 말합니다.

사실 사람들은 이것을 믿지 못하고, 알지도 못하고, 경험해보지도 못했습니다. 그런데 하나님은 원래 인간을 그렇게 의도하여 만드셨다고 합니다. 불행히도 사람들은 하나님의 이 사랑을 잘 알지도 못하고 잘 느끼지도 못합니다.

성경은 우리를 잠잠히 사랑하고 우리의 이름을 부르고 즐거워하고 어쩔 줄 모르시는 분이 바로 하나님이라고 묘사합니다. 하나님이 인간을 그렇게 사랑하신다고 합니다. 우리가 하나님과 그런 관계를 맺도록 만들어졌다고 합니다. 우리가 아이를 낳아 보면 그 하나님의 마음을 아주 조금 느낄 수 있을지 모르겠습니다. 하나님은 우리가 하나님과 그런 아주 인격적인 관계, 아주 친밀한 사랑을 누리도록 만드셨습니다.

그래서 예수님도 "네 마음을 다하고 목숨을 다하고 뜻을 다하여 주 너의 하나님을 사랑하라"(마 22:37, 개역개정)고 말씀하셨습니다. 전폭적으로 사랑하라고 하십니다. 그것이 인간의 본분이라고 하십니다. 원래 인간은 이렇게 하나님의 사랑을 받고 그분을 사랑하는 인격적인 존재로 만들어졌습니다.

그렇기 때문에 두 번째로 **하나님은 내가 나 자신을 사랑하기를 원하십니다**. 즉 나 자신과의 관계에서, 하나님은 나를 사랑하도록 창조하셨습니다. 사랑받고 자란 아이들은 스스로를 사랑스럽고 가치 있는 존재로 생각합니다. 그런데 안타깝게도, 여러 가지 이유로 사랑받지 못하고 자란 아이들이 있습니다. 그런 아이들은 자기 정체감이 왜곡되고 성격도 거칠어지고, 쉽게 침체되곤 합니다.

하나님은 우리가 하나님과 깊이 있는 관계를 누리고 그분을 사랑하기 때문에, 자연스럽게 우리 자신을 있는 그대로 받아들이고 기뻐하고 사랑할 수 있도록 의도하셨습니다. 이것이 하나님의 원래 계획입니다. 예수님은 둘째 계명, '네 이웃을 사랑하라'고 하실 때 그냥 '네 이웃을 사랑하라'고 하시지 않고 "네 이웃을 네 몸과 같이 사랑하라"(마 22:39, 개역개정)고 하셨습니다.

사실, 인간은 자기를 사랑한 것만큼만 다른 사람을 사랑할 수 있습니다. 자신을 사랑하는 방식대로 다른 사람을 사랑할 수 있습니다. 예수님은 이것을 너무나 잘 아셨기 때문에 '네 몸과 같이'라고 말씀하셨습니다. 이것이 하나님의 원래 계획이었습니다. 하나님은 우리가 우리 자신을 있는 그대로 사랑하고 받아들이기를 원하십니다. 하나님이 기뻐하시는 그 시각을 알기 때문에, 남이 뭐라고 하든지 상관하지 않고 있는 그대로 내 가치를 누리고 즐거워하기를 원하십니다.

미인이라고 하는 전형이 아예 없다고 생각해보십시오. 그러면 여러분의 돼지코는 얼마나 멋있는 코입니까? 여러분의 주근깨 난 얼굴, 그 까무잡잡한 얼굴이 얼마나 예쁘고 매력적이겠습니까? 하지만 동의하기 어려우실 겁니다. 우리 안에는 아름다움에 대한 왜곡된 표준이 있기 때문입니다. 그것은 세상이 만든 기준이고, 시대에 따라 달라졌습니다. 조선 시대 미인도에 나오는 여자들은 현대의 기준으로는 미인과 거리가 먼 얼굴들입니다.

사실 우리가 우리 자신을 있는 그대로 받아들이지 못하는 이유는 그런

편견 때문입니다. 하나님은 이런 세상의 기준이나 편견과 상관없이 우리의 외모, 능력, 기질, 성격 등을 있는 그대로 다 받아들이고 사랑할 수 있도록 우리를 만드셨습니다. 그것이 원래의 계획이었습니다.

이렇게 인간이 자기를 사랑하게 되면 자연스럽게 일어나는 세 번째 관계가 이웃과의 관계입니다. **하나님은 내가 내 이웃을 사랑하기를 원하십니다.** 나의 주변에 있는 사람을 사랑하게 되는 것입니다. 하나님이 우리 각각의 가치를 알아주시고 나를 지극 정성으로 사랑하시는 것을 진실로 알게 되면, 나도 내 옆에 있는 사람의 가치를 발견하고 그를 지극 정성으로 사랑하기 시작합니다. 그래서 예수님은 "네 이웃을 네 몸과 같이 사랑하라"고 말씀하십니다. 이것은 매우 자연스러운 결과입니다.

주변 사람들을 잘 대하고 사랑하는 사람들을 보면, 그 사람 자신이 참 평안한 사람들입니다. 굉장히 안정감 있는 사람들입니다. 그런 사람들이 다른 사람을 잘 대할 수 있습니다. 자기 자신도 있는 그대로 사랑하지 못하는 사람이 다른 사람을 어떻게 사랑할 수 있겠습니까? 하나님의 원래 계획은 우리가 하나님의 사랑을 받아서 그것을 누리기 때문에, 자기 자신의 가치를 알고 자신과의 관계가 건강해지고, 그렇기 때문에 자연스럽게 나타나는 힘과 에너지와 열정으로 주변에 있는 사람도 사랑하게 되는 것입니다.

그렇게 되면 인간들은 도대체 나와 우리를 이 땅에 두신 하나님의 계획이 무엇일까 하는 생각을 하게 됩니다. 즉 세상과의 관계에서 하나님의 뜻을 찾습니다. 네 번째로 하나님은 **내가 하나님의 세상을 잘 경영하기를 원하십니다.** 많은 사람에게 오해를 불러일으키는 말씀인 창세기 1장 26절을 함께 봅시다.

하나님이 말씀하시기를 "우리가 우리의 형상을 따라서, 우리의 모양대로 사람을 만들자. 그리고 그가, 바다의 고기와 공중의 새와 땅 위에 사는 온갖 들짐승과 땅 위를 기어 다니는 모든 길짐승을 다스리게 하자" 하시고.

이 구절을 보면, 하나님이 인간을 만드신 다음 인간에게 주신 첫 번째 사명은 '다스리는 것'이었습니다. 이 다스린다는 단어는 아주 부정적인 의미로 많이 사용되지만, 성경에서 말하는 다스림이란 다스림의 대상이 된 자가 최고의 가치를 발현할 수 있도록 만드는 것을 말합니다. 하나님이 인간을 다스린다고 하실 때는, 하나님이 인간을 핍박하고 인간으로부터 뭔가를 착취하고 억압하는 것이 아니라, 인간이 될 수 있는 최고의 모습이 될 수 있도록 하신다는 것입니다.

그래서 이 다스린다는 단어를 오늘날의 언어로 바꾼다면 '경영한다'가 가장 좋을 것 같습니다. 하나님은 우리가 세상과 관계를 맺을 때 이 세상을 최대한 가장 아름답게 경영하기를 원하십니다. 세상에는 우리 자신의 몫이 있는데, 그 몫을 가지고 그 일을 감당하기를 원하십니다.

이것이 우리 인간을 향한 하나님의 원래 계획이었습니다. 하나님의 사랑을 누리고, 그로 인해 자기 자신을 있는 그대로 받아들이고, 자신의 가치를 알고, 그래서 자신 속에 있는 안정감과 평안함으로 주변에 있는 사람들을 사랑하고 그들을 위해서 희생하고, 그리고 나와 그들이 이 세상에서 무엇을 할까, 어떻게 이 세상을 아름답고 귀한 장소로 만들 수 있을까 고민하며 세상에서 그런 사명을 가지고 살아가도록 인간을 만드셨습니다.

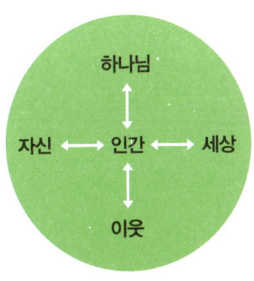

그림 1_ 하나님의 원래 계획

위의 그림을 보면 우리를 향한 하나님의 원래 계획이 나와 있습니다. 하나님은 내가 하나님과 자신과 이웃 그리고 세상과 아주 조화로운 관계를 갖도록 만드셨습니다. 아주 조화로운, 사랑하는 관계를 맺도록 그렇게 만드셨습니다.

오늘날 우리 현실

그런데 문제는 우리가 오늘날 살고 있는 삶의 현실은 그렇지 않다는 것입니다. 우리가 살고 있는 세상은 이 네 가지 영역에서의 깨어짐을 여실히 보여주고 있습니다. 하나님과의 관계, 자신과의 관계, 이웃과의 관계, 세상과의 관계가 다 깨져버렸습니다.

사람들이 하나님이 자신을 사랑하신다는 것을 정말 믿는다면, 그들의 인생은 완전히 달라질 것입니다. 그러나 대부분은 살면서 고난과 어려움을 겪으면, 신이 어디 있냐고, 하나님이 나랑 무슨 상관이냐고, 하나님이 나를 좀 내버려뒀으면 좋겠다고 이야기합니다. 많은 사람들이 하나님에게 분노

합니다. 차라리 분노라도 한다면 어느 정도 소망이 남아 있는 것일지도 모릅니다. 적지 않은 사람들은 분노하는 것이 아니라 하나님에 대해 아예 무관심한 상태가 되어버렸습니다. 그리고 하나님 없이 세상이 돌아간다고 정말 믿고 있습니다. 가끔씩 하나님 생각을 한다 하더라도 그것은 인간이 나약하다고 생각하기 때문이라고 치부해버리고, 하나님 없이 세상을 사는 데 아주 익숙해져 있습니다. 하나님이라는 존재를 조롱하고 그 하나님께 분노를 쏟아붓고 아예 그 존재 자체를 부인하고 살아갑니다. 이렇게 하나님과의 관계가 깨졌습니다.

그림 2_ 오늘날 우리 현실

그러니 당연히 자신과의 관계도 깨질 수밖에 없습니다. 인간의 사랑은 늘 제한적이고 조건적입니다. 그런데도 인간들은 다른 사람이 자기 자신을 평가하고 사랑하는 데서 자신의 가치를 찾고자 합니다. 하나님처럼 자신을 무조건적으로 사랑해줄 분이 세상에 어디 있습니까? 부모님의 사랑도 한계가 있지 않습니까? 부모님도 화가 나면, 너무 힘들고 지칠 때면, 어쩔 수 없지 않습니까?

세상에서 가장 숭고한 사랑을 보여준다고 하는 엄마도 사랑할 힘이 있어야 사랑합니다. 하지만 사랑할 수 있는 힘이 없을 때가 너무 많습니다. 그래서 많은 이들이 부모에게서도 그런 완전한 사랑을 받지 못합니다. 젊은이들은 이성 관계에서 이런 사랑을 누릴 줄 믿고 이성교제에 전부를 걸지만, 돌아오는 것은 상처뿐인 경우가 많습니다.

그러니 우리는 우리 자신을 있는 그대로 받아들이지 못합니다. 우리는 하나님이 만드신 작품 아닙니까? 하나님이 우리를 작품으로 만드셨는데, 요즘 한국 여성의 50퍼센트가 성형을 한다고 합니다. 〈모나리자〉에 덧칠을 하는 것과 다름이 없지요. 그러면 그 작품은 망가집니다.

사람들은 왜 자기 얼굴을 자꾸 고치는 걸까요? 자기를 받아들이기 힘들어서입니다. 물론 사회적인 분위기와 압력도 있겠지만, 본질적으로 사람들이 자신의 외모도 마음에 안 들고, 성격도 마음에 안 들고, 머리도 나쁜 것 같고, 의지력도 없고, 돈도 없고…. 나를 보면 만족스러운 것이 하나도 없다고 느끼기 때문입니다. 이런 현상이 심해지면 자기 열등감과 자기 비하에 빠지고, 그러다가 삶의 목적을 잃어버리고 자기를 학대하는 데까지 이릅니다. 알코올중독에 빠지는 사람들도 대부분 자기 학대 때문에 그렇게 됩니다. 무기력증에 빠져서 술로 만사를 잊으려 하고 자기를 파괴합니다. 그러다가 인간이 마지막으로 도달하는 곳이 어디입니까? 자기 생명을 끊습니다. 자기를 용납할 수 없는 인간의 마지막 행동이 이것입니다.

하나님과의 관계가 깨지고 그분의 무한한 사랑을 누리지 못하게 되면, 인간은 절망에 빠지고—결국 좀 모진 사람은 생명을 끊기도 하지만—살아 있으나 기쁨이 없이 늘 비교 의식과 열등의식에 시달리며 괴로워합니다. 겉으로 어떻게 위장하든지 간에 내면 깊숙한 곳에는 그러한 것들이 있습니다.

이렇게 자기 속에 평안이 없고, 사랑이 없고, 에너지가 없으니, 주변에 있는 사람을 사랑할 수 없습니다. 그래서 사람들에게서 상처를 받고 나서 처음에는 '이제 더 이상 상처를 받지 않겠다. 또 다른 사람에게 상처도 주지도 않겠다'고 결심하지만, 얼마 지나지 않아 '나도 필요하다면 나의 이익을 위해 상대방을 희생할 수밖에 없다. 세상은 원래 그런 곳이야'라고 하면서 자기 합리화를 합니다. 이렇게 인간과 인간의 관계는 깨지기 시작합니다.

사람들은 결혼하면 행복할 줄 알고 결혼하지만, 많은 사람들이 결혼하고 나서 고통을 겪습니다. 결혼에 대한 가장 끔찍한 정의를 아십니까? 그것은 "거머리 두 마리가 붙어 사는 것"입니다. 상대방의 피를 빨아먹는 거머리, 자신의 것은 절대로 주지 않는 거머리! 서로 상대방에게서 뭔가를 끄집어 내려고만 하는 두 사람이 만났을 때 결혼은 너무나 비참하고 고통스러운 관계가 될 수밖에 없습니다. 왜 이렇게 되었습니까? 인간과 인간의 관계가 깨져서 그렇습니다.

그러다 보니, 세상을 잘 다스리고 경영해야 할 인간이 오히려 세상을 마구 파괴하고 있습니다. 당대에 즐거움을 누리고 향락을 누릴 수 있는 방법이 있다면 자연을 파괴하면서까지 그렇게 합니다. 우리가 사는 이 땅을 전 세계 모든 사람이 함께 누린다는 생각이나 우리 다음 세대가 누릴 것이라는 생각은 안중에도 없습니다. 우리는 세상이 깨져서 모든 피조물이 신음하는 모습을 보고 있습니다. 이렇게 아주 심각하게 깨진 세상이 오늘 우리가 살고 있는 세상입니다.

이렇게 하나님과의 관계, 자신과의 관계, 이웃과의 관계, 세상과의 관계가 깨진 이유는 우리가 본능적으로 스스로 삶의 주인이 되어 하나님과 그분이 세우신 삶의 원칙을 무시하려는 경향이 있기 때문입니다. 조화롭고 사랑스러워야 할 모든 관계가 이렇게 깨져버린 이유는, 인간이 스스로 삶의 주인이 되어버렸기 때문입니다. 인생과 세계의 주인은 하나님이신데, 이 하나님과의 관계가 깨져버렸기 때문입니다. 하나님을 제거하고 자기가 주인이 되어 하나님 노릇을 하고 그분이 세우신 원리를 적극적으로, 소극적으로 거절하고 살아가는 것입니다.

그렇게 되면 결과적으로 누가 고통을 받습니까? 바로 인간입니다. 이 세상에는 하나님이 세우신 법도가 있습니다. 어릴 때 슈퍼맨 놀이 해보셨나요? 보자기 하나 쓰고 뛰어내리는 놀이 말입니다. 어떤 아이는 자기가 진짜 슈퍼맨이라고 믿고 이층에서 뛰어내리기도 합니다. 만유인력의 법칙, 중력의 법칙을 무시한 인간은 운이 좋으면 발목이 부러지고, 운이 나쁘면 목뼈가 부러지는 법입니다.

물리적인 세상만이 아니라 인간의 도덕적인 면, 문화적인 면에서도 하나님이 인격적인 원리를 만들어놓으셨는데, 인간은 그것을 무시합니다. 그로 말미암아 얻는 고통은 고스란히 자기 몫, 우리의 몫입니다. 이것이 우리가 살고 있는 세상의 모습입니다. 우리 한국 사회의 문제, 1980년대, 1990년대, 2000년대를 지나면서 끊임없이 문제가 반복되고 있지만, 그 문제들은 옷만 갈아입었지 근본적으로는 같은 문제들입니다. 왜 그렇습니까? 하나님과 그분의 원리를 무시해버렸기 때문입니다.

성경에서는 이러한 문제를 죄라고 이야기합니다. 이사야 59장 2절을 함께 읽어봅시다.

> 오직, 너희 죄악이 너희와 너희의 하나님 사이를 갈라놓았고, 너희

의 죄 때문에 주님께서 너희에게서 얼굴을 돌리셔서, 너희의 말을 듣지 않으실 뿐이다.

여기서 '죄악'이나 '죄'를 이야기할 때 사람들은 대부분 인간이 저지르는 도덕적인 죄를 생각하는데, 성경에서 이야기하는 죄는 더 본질적인 것입니다. 그것은 **하나님을 주인 자리에서 몰아내고 자기가 주인 행세하는 것을 말합니다**. 그래서 로마서 3장 23절에서는 "모든 사람이 죄를 범하였으매 하나님의 영광에 이르지 못하더니"(개역개정)라고 말합니다. 죄는 하나님께 가까이 가지 못하도록 만드는 우리의 내적 자세입니다.

이것을 분명히 이해해야 합니다. 많은 사람이 죄를 어떤 도덕적인 행위라고 생각합니다. 마음속에 품은 나쁜 생각이라고 여깁니다. 다른 사람이 금기시하는 행동을 한 것이라고 생각합니다. 이런 것들은 죄의 열매입니다. 성경이 말하는 죄의 본질은 우리의 내적 자세입니다. 내가 주인이 된 상태입니다. 내가 세상의 중심이며, 내 인생의 중심이라는 생각입니다.

죄라는 영어 단어를 잘 보십시오. SIN이라는 단어의 가운데 알파벳은 I입니다. SIN이라는 단어는 죄의 의미를 상징적으로 잘 표현하고 있습니다. I-centeredness, 나 중심적인 사고와 삶의 방식, 이것이 죄입니다.

죄가 인간의 본질 속에 얼마나 깊이 들어와 있는지 모릅니다. 이 문제는 인간에게 엄청난 고통을 가져다주고 있습니다. 인간이 왜 인간인가, 인간이 왜 존엄성 있는 존재이고 왜 행복을 누릴 수 있는가, 인간에게 가장 중심 되는 것이 무엇인가 하고 질문할 때, 성경에서는 그것을 거침없이 하나님과 인간의 인격적인 관계라고 이야기하기 때문입니다.

죄를 단지 양심에 거리끼는 행동이나 도덕에 위배되거나 사회적 규범에 어긋나는 행위를 하는 것이라고 생각하는 대부분의 현대인들은 자신을 죄인으로 생각하지 않습니다. 신문에 보도되는, 사회적으로 물의를 일으키는 사람들과 비교할 때, 자신들이 훨씬 낫다고 생각합니다. 그러나 성경은 이렇게 죄의 열매로 나타난 것 이전에, 전 우주와 우리 자신을 창조하신 하나님을 마음속에 부인하고 무시하는 것을 죄라고 이야기합니다.

　우주와 나를 존재하게 하시고, 우리와 인격적인 관계를 맺으시고 그 관계를 통해 스스로의 절대적 가치를 누리게 하시고, 또한 다른 사람의 가치와 존귀함을 인정하며 존중하고 사랑하며 세상에서 자신의 사명을 감당하게 하시는 하나님을 제거해버리면 어떤 일이 벌어지겠습니까? 사람들은 자신의 상태가 좋고 상황이 좋을 때는 잘 살아가는 듯해도, 여건이 나쁘고 자신의 내면에 동기와 에너지가 사라지면, 자신이 기대했던 조화롭고 아름다운 삶을 살아가지 못합니다. 이는 생명의 근원이신 하나님을 무시했기 때문에 나타나는 피할 수 없는 결과입니다.

　결국 뿌리가 뽑힌 나무가 서서히 죽어가는 것처럼, 우리 인간은 살면서 죽음을 경험합니다. 죽을 것 같다, 죽고 싶다는 생각을 할 만한 일들을 여기저기에서 경험합니다. 그러다가 결국은 죽음을 맞이합니다. 성경은 죽음은 죄, 곧 하나님과의 단절로 인한 결과라고 합니다. 죽음은 단지 육체적인 생명이 끊어지는 것만을 뜻하는 것이 아니라 생명의 근원, 우리 존재의 뿌리이신 하나님으로부터 영원히 단절되는 것을 의미합니다.

　인간은 이러한 인간의 본질적인 문제를 해결하기 위해서 여러 가지 방법을 쓰지만 그러나 가장 중심적인 하나님과의 관계가 회복되지 않았기 때문에, 교육을 통해서도, 윤리를 통해서도, 경제 발전과 과학의 진보를 통해서도, 사회 제도의 변화를 통해서도, 우리 인간 개개인과 우리 사회, 더 나아가 인류가 당면한 문제를 해결하지 못합니다. 이런 우리를 바라보시며 하나님은 근본적인 해결 방법을 찾으셨습니다.

하나님의 해결 방법

그 해결책은 바로 예수 그리스도이십니다. **예수 그리스도는 나의 죄의 대가를 지불하기 위해 이 땅에 오십니다.** 예수님은 "내가 곧 길이요, 진리요, 생명"이라고 말씀하신 다음에 "나로 말미암아 하나님께로 갈 수 있다"고 하셨는데(참고. 요 14:6), 그것은 예수님이 우리 죄의 삯을 대신 지불하셨기 때문에 우리가 하나님께로 갈 수 있게 되었다는 것입니다. 즉 하나님과의 깨졌던 관계가 회복될 수 있다는 것입니다.

하나님은 사랑의 하나님이시지만, 그 사랑은 정의(공의, justice)라고 하는 그분의 또 다른 성품의 다른 측면입니다. 하나님의 정의와 사랑은 늘 같이 움직입니다. 하나님이 우리를 사랑하셨습니다. 그러나 우리가 하나님을 배반하고 거절하는 것에 대해서는 우리 대신 누군가가 대가를 지불해야만 했습니다. 그렇지 않다면 우리가 그 대가를 다 져야 합니다. 그래서 예수님이 우리가 죽어야 할 자리에서 죽으십니다.

이것이 기독교의 이상한 메시지입니다. 세상의 어떤 종교가, 어떤 경전이, 그들이 믿는 신이 인간들을 너무 사랑해서 인간을 위해, 그것도 인간의 죄를 위해서 대신 죽었다고 가르칩니까? 이것은 일종의 스캔들입니다. 사람들은 "어떻게 그런 일이 있을 수 있느냐"고 하며 믿지 못합니다.

그러나 성경은 **하나님이 하나밖에 없는 아들을 희생시키면서**, 죄에 대한 정의를 세우시는 동시에 **우리를 얼마나 사랑하시는지 보여주시고, 그로 말미암아 우리로 하여금 하나님과 인격적인 관계를 회복하고 의미 있는 삶을 살게 하셨다고 말합니다.** 저는 하나님을 믿은 지 꽤 오래 되었지만, 하나님이 어떻게 나 같은 사람을 사랑하셔서 자신의 아들을 희생시킬 수 있는지 아직도 이해가 잘 되지 않습니다. 그 사실에 감격해서 울지만, 머리로는 다 이해가 되지 않습니다. 저는 제 아들이 조금만 다쳐도 걱정이 돼서 견딜 수가 없습니다. 그런데 하나님은 그 아들이 처참하게 고문당하며 찢겨 죽는 것을 내버려두셨습니다.

왜 그러셨습니까? 사람들이 믿든지 말든지, 세상 사람들을 위해서 그렇게 하셨다고 합니다. 자기를 버리고 배반한 인간들을 위해서 그렇게 하셨다고 합니다. 하나님이 인간을 만드셨기 때문에, 우리가 우리 아이들을 보고 감격하는 것처럼, 하나님은 우리를 창조하셨다는 이유만으로도 우리를 사랑하십니다. 비록 인간들이 하나님을 버리고 배반하고 자기 멋대로 살아가지만 하나님은 그 인간들을 위해서 자기 아들을 희생시키셨습니다. 이 하나님의 사랑을 누가 이해할 수 있겠습니까? 너무 커서 이해할 수 없는지도 모르겠습니다. 바울은 로마서 5장 8절에서 그 사랑을 이렇게 표현하고 있습니다.

> 우리가 아직 죄인 되었을 때에 그리스도께서 우리를 위하여 죽으심으로 하나님께서 우리에 대한 자기의 사랑을 확증하셨느니라(개역개정).

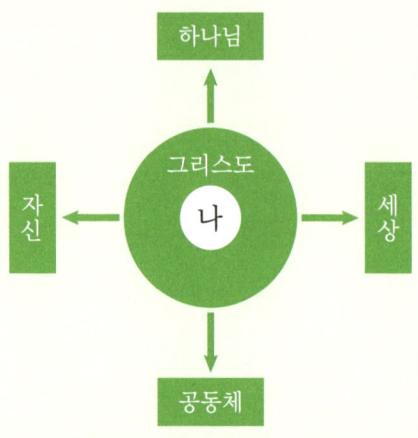

그림 3_ 하나님의 해결 방법

여기 '확증'이라는 단어를 새번역에서는 '실증'이라고 번역했고, NIV는 demonstrate라고 표현했습니다. 우리식으로 표현하자면 '데모'했다고 할 수 있습니다. 하나님이 '데모'를 하셨답니다. '데모'는 내 마음을 알아주지 않을 때, 우리 마음을 알아주지 않을 때, 혼자서 혹은 여러 명이 함께 하는 것 아닙니까?

하나님이 우리에 대한 자신의 사랑을 '데모'하셨습니다. 우리가 죄인 되었을 때에 자기 아들을 죽게 하심으로써 "내가 너희를 그렇게 사랑한다. 내가 너희를 너무너무 사랑한다. 너희는 내 마음을 모르지만 난 너희 때문에 내 하나밖에 없는 아들을 희생시킬 정도로 너희를 사랑한다"고 외치신 것입니다.

그래서 우리가 그리스도 안에서 하나님이 하신 일을 받아들이기 시작하면, 우리가 주인이 되어 하나님과 깨졌던 관계가 회복되기 시작합니다. 하나님과의 관계가 회복되면 내가 달라집니다. 나 자신과의 관계가 달라집니다. 이렇게 나 자신과의 관계가 달라져야 다른 사람을 넉넉하게 사랑할 수 있습니다. 다른 사람을 사랑할 줄 아는 사람이 되어야 세상을 볼 수 있는 눈이 열리기 시작합니다. 세상을 위해서 살 수 있는 방법들이 보이기 시작합니다.

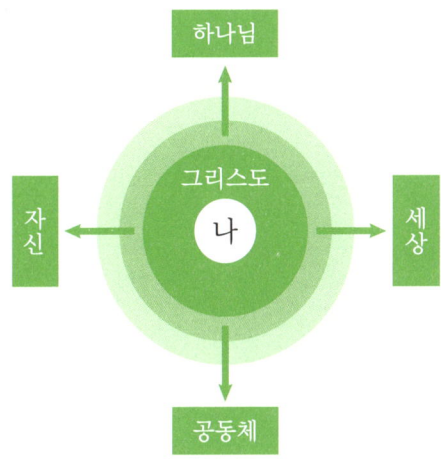

그림 4_ 그리스도 안에서 자라감

위의 그림에도 나오듯이, 하나님은 나와 하나님의 관계, 나와 자신의 관계, 나와 이웃의 관계, 나와 세상의 관계가 깨진 것을, 나로 하여금 그리스도 안에 들어가 예수 그리스도를 받아들이게 함으로 말미암아, 그 그리스도를 통하여 하나님과 새로운 관계를 맺게 하시고, 그리스도를 통하여 나 자신과 새로운 관계를 맺게 하시고, 그리스도를 통하여 내 이웃과 새로운 관계를 맺게 하시고, 그리스도를 통하여 세상과 새로운 관계를 맺게 하십니다.

《풍성한 삶의 기초》는 바로 이 그리스도를 통하여 새롭게 맺는 관계가 어떻게 형성되고 그것이 어떤 의미를 갖는지를 조금 자세하게 구체적으로 12주 동안 살피는 과정입니다.

우리의 반응

그렇다면 이러한 이야기를 들었을 때 우리는 어떤 반응을 보여야 합니까? 하나님이 예수님의 죽으심과 부활하심을 통해서 우리에게 주신 구원의 소식을 알게 된다면, 지금까지 자신이 중심이 되어 살았던 사람들이 이제부터는 하나님이 중심이 된 삶을 살기 시작합니다. 마치 자동차가 유턴을 하듯이 인생의 방향을 바꾸게 됩니다.

회개란 이렇게 인생의 방향을 바꾸는 것입니다. 영어에는 repentance와 remorse라는 단어가 있는데요. 우리말로는 '회개'와 '후회'로 번역할 수 있습니다. 사람들은 보통 회개를 후회로 착각합니다. 후회란 "아휴, 내가 잘못했네. 내가 하지 말아야 할 짓을 또 했네. 내가 왜 이러는지 모르겠어. 다시는 안 그럴 거야"라고 하면서 안타까워하는 것입니다.

반면 '회개'는 그렇게 말만 하는 것이 아니라, 실제로 방향을 바꾸는 것입니다. 방향을 바꾸고 반대 방향으로 오던 방향을 거슬러 올라가는 것입니다. 크게 U자를 그리는 것입니다. 눈물, 콧물 흘리는 것이 회개가 아닙니다. 그것은 감정적인 후회의 단계이고, 그 다음에는 반대 방향으로 움직이기 시작해야 합니다. 사람들은 하나님 없이 자기가 인생의 주인이 되어서 걸어가고 있습니다. 그렇게 걸어가던 우리가 그것이 잘못임을 알고 방향을 바꾸어 하나님을 향해서 걸어가기 시작하는 것, 이것이 회개입니다.

여기에는 물론 하나님 없이 제멋대로 살았던 것에 대한 후회와 안타까움이 있습니다. "내 인생을 이렇게 허비했다니" 하는 괴로운 마음이 있습니다. 그러나 괴로운 마음만 있다면 그것은 회개가 아닙니다. 그런 괴로운 마음과 함께 "이제는 부족하지만 당신을 향해 걸어가겠습니다. 도와주십시오"라고 하며 나아가는 것이 회개입니다. 그러므로 회개는 다음과 같은 것을 포함합니다.

첫 번째, **하나님이 내 삶의 중심부에 계시지 않다는 사실을 인정하는 것입니다.** 하나님이 내 삶의 주인이 아니라 사실은 내가 주인이라는 사실을 인정하는 것입니다. 로마서 1장 21절은 이렇게 표현합니다.

> 하나님을 알되 하나님을 영화롭게도 아니하며 감사하지도 아니하고 오히려 그 생각이 허망하여지며 미련한 마음이 어두워졌나니(개역개정).

하나님을 알지만 무시했다는 것을 인정하는 것, 이것이 첫 번째 단계입니다.

두 번째, **예수님이 내 죄의 대가로 십자가에서 죽으시고 부활하셔서 오늘도 살아 계시고 나에게 구원을 선물로 주신다는 사실을 믿어야 합니다**(롬 10:9). 첫 번째 인정하고 그 다음에는 믿어야 합니다. 예수님이 나를 위해서 돌아가셨다는 것을 믿어야 합니다. 그것은, 내가 있어야 할 자리에 예수님이 대신 가셔서 죽으심으로 하나님과의 관계가 회복되었다는 것입니다. 그래서 구원이 나에게 공짜로, 저절로 주어졌습니다.

여기 '구원'이라는 단어를 다시 표현한다면, '하나님과의 관계 회복'이라고 할 수 있습니다. 예수님 때문에 하나님과의 관계를 회복할 수 있게 되었습니다. 원래는 내가 하나님 앞에서 심판의 자식이었는데 예수님이 그 심판을 대신 받으셨기 때문에 하나님과 나의 관계가 회복되었습니다.

그러므로 세 번째, 이것은 다른 의미에서는 예수님을 **나의 삶에, 특별히 앞의 네 관계에서 주인이 되도록 모셔들이는 것을** 뜻합니다. 죄가 인생의 중심, 우주의 중심에 '나'를 두는 것이었다면, 구원받고 회복되었다는 것은 이제 이 예수님을 원래의 자리로, 나의 주인으로 모셔들이는 것을 뜻합니다(요 1:12).

이런 복음의 이야기를 듣고 사람들은 다섯 가지 반응을 할 수 있습니다.

첫째, 예수님이 이미 나의 주인인 사실을 **기뻐하는 것입니다**(rejoice). 과거에 예수님을 받아들였고 그분과 함께 살아왔기 때문에, 비록 내가 완전한 그리스도인의 삶을 살지 못할지라도 "그분은 나의 주인이십니다. 그분은 나를 위해 돌아가셨습니다. 비록 내 사랑이 늘 부족하지만, 나는 그분을 사랑합니다. 그래서 저는 이 소식을, 제가 받은 구원을 기뻐합니다"라고 고백하는 것입니다.

둘째, 어떤 사람은 예수님께 **재헌신**을 해야 합니다(recommit). 이 사람들은 과거에 예수님을 받아들인 적이 있는, 상당 기간 예수님을 주인으로 모시고 산 적이 있는 사람들입니다. 어릴 때부터 교회를 다녔다는 뜻이 아닙니다. 어느 수련회 때 잠깐 일어났다 앉은 것을 말하는 것이 아닙니다. 결단하라고 했을 때 손 들고 일어섰던 것을 이야기하는 것이 아닙니다. 그러한 결단 이후 상당 기간 예수님을 주인으로 모시고 산 것을 말합니다. 그런데 어느 순간에—물론 대부분은 점진적으로 천천히 일어나는 일입니다―예수님을 배반하고 주인으로 여기지 않게 되었습니다. 주인이신 예수님을 배반하고 자기 멋대로 자기가 주인 된 인생을 산 것입니다. 이런 사람들은 복음 이야기를 다시 듣고 예수님께 재헌신해야 합니다. 다시 말하지만, 이것은 옛날에 교회를 다녔던 것을 뜻하지 않습니다. 교회 출석 여부가 중요한 것이 아니라, 예수님이 진정한 의미에서 나의 주인이셨는가, 그분을 나의 주인으로 모시고 살았는가가 중요합니다. 그러나 주인으로 모시고 산 적이 분명히 있었지만, 내가 그분을 배반하고 그분 없이 살았다면 재헌신을 해야 합니다.

그리스도인의 삶에는 이 재헌신이 몇 번씩 있게 마련입니다. 재헌신이 한 번도 없는 사람은 없습니다. 들려오는 전설에 의하면, 베드로 사도의 경우에도 그랬던 것 같습니다. 핍박을 피하려고 로마를 등지고 떠나는데 그때 로마로 들어오시는 예수님을 만났다고 합니다. 그래서 베드로는 "주님, 어디로 가시나이까?" 하고 물었고 예수님은 "나는 너 대신 핍박을 받으러 로마로 간다"고 말씀하셨습니다. 베드로는 이 말씀을 듣고 회개하고 로마로 들어갔다고 합니다. 그리고 거기서 주님께서는 똑바로 십자가에 못 박혀 죽으셨는데 자신은 그렇게 죽을 수 없다면서 십자가에 거꾸로 못을 박아 달라고 요구했고, 그래서 거꾸로 못 박혀서 죽었다는 전설이 있습니다. 베드로 사도도 십자가의 길을 피하려 했습니다. 그러나 그는 다시 주님 앞에서 재헌신했습니다. 이렇게 재헌신은 그리스도인의 삶에서 여러 번 있을 수 있습니다. 저도 심각하게 몇 번 했던 것 같습니다.

이제 세 번째 반응을 살펴보면, 이 경우에는 교회를 다녔거나 그리스도인들과 어울려 다녔을 수 있지만 한 번도 예수님을 인격적으로 받아들이지 않은 사람들입니다. 이들은 예수님을 **모셔들여야** 합니다(receive). 이것은 굉장히 중요합니다. 특별히 어릴 때부터 교회를 다닌 모태신앙인 분들은, 어릴 때는 부모님 손을 잡고, 나이가 들면 남자 친구나 여자 친구 때문에, 그러다 어느 시점에 결혼을 하고 나면 남편이나 아내에게 이끌려 교회에 다니는 경우가 많습니다. 그래서 한 번도 예수님을 나의 진정한 주인으로 받아들인 경험이 없는 분들이 있습니다. 그래서 소위 '모태신앙'은 신앙생활을 잘 못해서 '모태신앙'이라고 하지 않습니까? 왜 신앙생활을 잘 못할까요?

신앙생활은 하나님과 인격적 관계를 맺을 때 시작되기 때문입니다. 교회를 잘 다니는 것이 신앙생활이 아닙니다. 이런 분들은 예수님을 진지하게 영접해야 합니다. 물론 그 전에 구원받았을 가능성이 있을지도 모릅니다. 그러나 자기의 인격으로 하나님 앞에 진지하게 서서 "하나님, 지금까지 잘 모르겠습니다. 제가 어머니 손잡고 그냥 교회 다닌 건지 아니면 교회 다니다가 구원받은 적이 있는지 잘 모르겠습니다. 그러나 이제 하나님, 내가 내 인생을 하나님께 드립니다. 하나님께 양도합니다" 하고 기도할 필요가 있습니다.

네 번째의 반응으로, 예수님을 더 **알아가야겠**다고 하는 분들이 있습니다(research). 지금은 예수님을 나의 주인으로 받아들이기에는 무리일 것 같으니, 성경을 좀 더 읽고 좀 더 기도해야겠다고 하는 이들이 있습니다. 지금까지 앞에서 한 이야기는 성경의 가장 기본적인 내용입니다. 성경은 방대한 양을 담고 있어서 그것을 한 번 읽는다고 해서 그 이야기가 다 깨달아지지는 않습니다. 하지만 하나님 앞에서 결단하기 위해 들어야 할 모든 이야기는 앞에서 들었다고 봅니다. 그럼에도 준비가 되지 않았다면 더 탐구해야 할 것입니다.

마지막으로, 가장 불행한 경우이지만, 어떤 사람은 예수님을 **거절합니다** (reject). 예수님이 우리를 위해 돌아가셨다는 이 놀라운 사실을 거절하는 사람들을 우리가 어떻게 할 수는 없습니다. 왜냐하면 선물은 늘 거절의 가능성이 있기 때문입니다. 하나님이 우리에게 주신 최고의 선물도 거절당할 수 있습니다.

그리스도인이란 누구입니까? 그리스도인들은 몇 가지 중요한 사실을 발견한 사람들입니다. 첫째, 내가 세상의 주인이 아니라 하나님이 주인이라는 사실을 받아들인 사람입니다. 둘째, 내가 주인 노릇을 할 때 내 인생과 세상이 망가진다는 사실을 절감한 사람들입니다. 죄의 심각성을 절감한 사람들입니다. 셋째, 그리스도인은 그 죄 때문에 예수님이 나 대신 십자가에서 죽으셨다는 사실, 그 흠 없는 분이 나 대신 돌아가셨다는 것, 그 고통스런 십자가의 길을 가셨다는 것, 그래서 내가 감히 하나님 앞에 설 수 있게 되었다는 것, 하나님과의 인격적인 관계를 회복할 수 있는 길이 열렸다는 것을 믿는 사람들입니다. 넷째, 예수님이 나를 사랑하시기 때문에 그렇게 죽으셨다는 사실에 감격하기 시작한 사람들입니다. 그래서 그들은 "부족하지만, 주님 나를 받아주십시오. 내가 당신을 좇아가겠습니다. 내 인생의 주인이 되셔서 나를 다스려주십시오" 하고 진실하게 결단한 사람들입니다. 이런 사람들이 그리스도인입니다.

여러분은 여기서 이 도의 초보, 생명이 우리에게 어떻게 오게 되었는지를 보셨습니다. 그렇다면, 여러분의 반응은 무엇입니까? 이 다섯 가지 R(rejoice, recommit, receive, research, reject) 중에서 어떤 것이 여러분의 입장입니까?

만약에 성경의 가장 본질적인 메시지인 복음을 듣고, 여러분의 반응이 기뻐하는 경우라면 이 훈련을 받으실 준비가 된 분입니다. 그러나 만약 여러분이 재헌신하셔야 한다면, 이 훈련을 바로 시작하기 전에 자기 삶의 어떠한 부분에서 예수님의 주인 되심을 인정해야 할지 회개하고 결단하십시오. 그리고《풍성한 삶의 기초》훈련을 통해서 재헌신의 의미가 선명해지게 해달라고 기도하는 시간을 가지십시오. 여러분이 만약 이 훈련의 서론적인 이 글을 읽으시고 예수님을 영접해야겠다고 생각하신다면,《풍성한 삶의 기초》훈련을 당장 시작하지 마시고,《풍성한 삶의 첫걸음》(비아토르)을 읽으시고, 그리스도인으로의 출발점을 확실하게 하십시오.

안타깝게도 자신이 아직 예수님을 주인으로 영접한 것 같지 않다면, 이 훈련을 시작하지 마십시오. 오히려 그런 분들은 정직하게 복음의 내용을 가지고 씨름하시는 것이 옳습니다. 그런 분들은《풍성한 삶으로의 초대》(비아토르)를 읽으면서, 먼저 그리스도인이 되신 분, 또는 여러분의 이끄미와 함께 진솔한 대화를 나누십시오. 그래서 복음의 내용에 대한 인격적인 결단을 분명히 하신 후《풍성한 삶의 첫걸음》을 통해 출발점을 선명히 하십시오.《풍성한 삶의 기초》는 그 다음에 시작하십시오.

| 부록 2 |

제출용 – 《풍성한 삶의 기초》 따르미

- 이름:
- 가정교회:

	날짜	숙제	암송
1강			
2강			
3강			
4강			
5강			
6강			
7강			
8강			
9강			
10강			
11강			
12강			

이끄미 소견서

- 수강 기간:

- 수강 태도:

- 수강 뒤 변화:

- 결론

* 제출용 두 장을 다 내셔야 《풍성한 삶의 기초》 훈련 과정을 수료하실 수 있습니다.

제출용 – 《풍성한 삶의 기초》 이끄미

- 이름:
- 가정교회:
- 인도한 횟수:

- 인도할 때 어려웠던 점, 부족했던 점:

- 인도자로서 받은 은혜, 좋았던 점:

- 다음에 인도할 때 유의점과 고려사항:

* 제출용 두 장을 다 내셔야 《풍성한 삶의 기초》 훈련 과정을 수료하실 수 있습니다.